U0921111

云南百位历史名人传记丛书

中共云南省委宣传部◎编

云南出版集团

云南人民出版社

**图书在版编目（CIP）数据**

一代联圣——孙髯翁 / 余年生著. — 昆明：云南人民出版社，2018. 11

（云南百位历史名人传记丛书）

ISBN 978-7-222-17476-4

Ⅰ. ①一… Ⅱ. ①余… Ⅲ. ①孙髯（1711-1775）-传记 Ⅳ. ①K825. 6

中国版本图书馆CIP数据核字（2018）第205375号

**出 品 人：李　维　赵石定**
**责任编辑：朱　颖**
**装帧设计：马　滨**
**责任校对：范晓芬**
**责任印制：代隆参**

| | |
|---|---|
| 书名 | **一代联圣——孙髯翁** |
| 作者 | 余年生　著 |
| 出版 | 云南出版集团　云南人民出版社 |
| 发行 | 云南人民出版社 |
| 社址 | 昆明市环城西路609号 |
| 邮编 | 650034 |
| 网址 | http：//ynpress. yunshow. com |
| E-mail | ynrms@sina. com |
| 开本 | 889mm×1194mm　1/32 |
| 印张 | 5. 5 |
| 字数 | 100千 |
| 版次 | 2018年11月第1版第1次印刷 |
| 印刷 | 云南新华印刷二厂 |
| 书号 | ISBN 978-7-222-17476-4 |
| 定价 | 25. 00元 |

如有图书质量与相关问题请与我社联系

审校部电话0871-64164626　印制科电话0871-64191534

《云南百位历史名人传记丛书》

## 编委会名单

# 总　序

丛书编委会

历史长河浩浩荡荡！中华文明自滥觞至汇聚千流，涵纳万水，奔腾迭起，云蒸霞蔚，延五千年之长史，至今生机勃然，是迄今世界上唯一保持完整且衍传有序、光耀于人类的伟大文明。

习近平总书记指出：一个国家、一个民族的强盛，总是以文化兴盛为支撑的。中华民族是具有非凡创造力的民族，我们创造了伟大的中华文明，实现中华民族伟大复兴的中国梦，必须弘扬中国精神。以爱国主义为核心的民族精神，以改革创新为核心的时代精神，是兴国之魂，强国之魂。

云南，是祖国西南神奇、美丽、富饶的宝地，是中华文明中极具特质和创造潜力的丰美之乡。云南少数民族文化是中华民族文化的重要瑰宝。长期以来，云南大地上，各民族和睦与共，相濡相生，共同创造了色彩瑰丽、形态多元、底蕴厚重、影响深远的历史文化，为我们留下了珍贵的精神遗产。人，是历史的镜子，是历史最生动的环节，人民是历史的主人和创造主体。在人类历史的进程中，一个个不同时期的代表人物产生过一些不同的影响。“云南百位历史名人传记丛书”就是这样一丛历史的记录，一百位历史名人，虽未必尽能概全，各位历史人物的代表性也不尽相同，但都是“追梦人”，是振兴民族伟大理想的传薪人、探索者和实践家。

在这些代表人物中，无论是拓土开疆的将帅勇者，还是蹈海酬志的大国使节；无论是志于传播文明的鸿儒巨擘、先哲贤士，还是为民族独立解放而高歌猛进、慷慨捐躯的群雄英杰，都贯注了这一重要精神。正是以他们为代表的云南各族人民创造并抒写了可歌可泣的英雄史章，熔铸了坚韧不拔、奋为人先、包容博大、敢于担当的精神品质，才使云南在中华文明的长史中闪耀着特有的光辉。尤在近代中国，在辛亥护国风云中，在反对外辱保卫祖国边疆维护民族尊严、抗击日本法西斯侵略中，云南站在历史前台，以中华群雄的不屈身影演出了一幕幕豪迈悲壮的历史大戏，也更涌现了一批足以彪炳史册、光照后人的杰出人物。这一切，给予中国历史进程深远的影响。

今天，实现中华民族伟大复兴之梦，谱写富民强滇中国梦的云南篇章，需要以中华文化发展繁荣为重要条件，这就需要接续这一光荣而伟大的精神传统，在继承中创新，在创新中发展，在发展中超越。云南正处于一个新的历史起点上，需要大力挖掘历史文化资源，聚合更强大的精神动力，为推动我省科学发展、和谐发展、跨越发展凝心聚力。为此，我们组织省内外专家学者编写出版了“云南百位历史名人传记丛书”。这对加强我省各族人民，尤其是青年一代对历史的了解、认同，爱国爱乡爱民并甘于奉献，对提升优秀精神品质，形成团结奋斗的共同的思想基础，坚定推进富民强滇的信心和决心，显然有着重要的现实意义和切实的助力。

一百位历史人物，所处历史时期并不相同，其历史作用也有差异，甚至就个人的全面历史评断方面也难以等量趋同。但我们以为这些留存史迹的人物，所以传扬至今，为后世崇奉，均有他们共同的历史向度和价值取向，我们学习这些历史人物，至少应当着重于以下几个大的方面，即：“守大德、重大义、集大成、有大度、达大观”。

守大德，即恪守道德规范。“德者，本也。”(《礼记·大学》）“大德”既是国家民族的根本利益所在，也是中国文化中最核心的价值理念及标准。古语“行德则兴，背德则崩”，不仅是资政经验，也是个人修习完善的根基。所谓“厚德载物”，直观的理解，就是如果德行浅薄，是不能兴物成事，更不能造就伟大功业的。云南历史文化名人，大多以德立身，大节不移，并对此恪守坚定，一以贯之；始终保持正确信念和理想，并为之奋斗到底。

这是我们首先要学习尊崇的。

重大义，即以国家民族利益的需要为个人行为取舍的标准。有大义，才有大爱。这些先贤无不爱云南爱乡土，以兴业乡梓、造福一方为己任。尤在国家民族命运攸关、生死存亡的关头，这些令人崇敬的先辈，大义擎天，逢难不避，敢于担当，责无旁贷，勇往直前，不惧牺牲。一个心存天下大公的人总会在不经意的一瞬决定大义的选择，这是社会进步的希望所在，更何况实现中华复兴的伟大梦想，还有很多异常艰危的事业在等待我们去克难攻坚。所以，举凡大义、为民为国、全身而进的精神是我们应当效法崇尚的。

集大成，“知类通达，强立而不反，谓之大成”。这些历史人物留下的足迹，予人深刻启迪。他们无论是出将入相，还是布衣一袭，均勤学不辍，求索不止，在追求真理和知识的道路上刻苦务实，义无反顾，永无终期，故能成大器，胜大任，不辱使命。今天，世界进入知识信息时代，软硬实力决定一个国家能否赢得发展机遇，乃至自立于强国之列的地位。其紧迫性不亚于先辈梦想中国富强的百年期许。但今天所谓“集大成”，是更高更大更具有生存挑战性和发展战略性的，是集世界之“大成”，集政治经济、科技文化、制度建设、社会发展等一切领域“总成”，玉成中国梦的空前伟大的事业。所以，先人刻苦自律、博学精进的学习精神我们应当秉持继承。

有大度，即要有开放包容的胸怀。云南历史文化名人的一个共通品质，也是一个显著特点就是，即使身处僻远，总能破除狭隘与陋见，以宏大度量，兼容并包，接纳先进，吸收优异，团结一切可以团结的力量，聚合一切可以聚合的资源，总成一股创造历史的宏大动力，来完成伟大的事业。哪怕是割股舍己，也在所不惜。今天，云南要实现跨越式发展，保持开放包容的胸怀尤其重要。所以，先辈“天下云南”的大度我们应当弘扬光大。

达大观，即要眼观天下，达察全局，与时俱进，审时知变，敢为人先。推动云南社会历史进步的代表人物，无不目光远大，胸怀全局，对世界潮流、时代嬗变，都能审视洞悉，并欣然顺应规律，故能在历史转折的关键时刻做出正确选择，成就改天换地的一番伟业。古语有“小智自私”“达人大观”，是将为个人谋私的小智谋与担当天下兴亡的大智慧尖锐对比而言的。否则，“其兴也勃焉，其亡也忽焉”。一个为民为国而应用心智的人，必然有达观天下的心怀，也由此激发潜能、超迈寻常，而使人生境界也更加美好而宏丽。遍观世界文明史，许多影响人类进步的伟大创新，正是以此为动力和起点的。今天，中国经济社会的快速发展，国家的日益强大，正为实现中华民族伟大复兴的中国梦开拓了无限广阔的道路，也为个人实现自身价值创造着更加富实的前景。所以，先辈们达观天下的精神我们应当引为楷模。

我们对志向高远、仰观天下、俯察民情、甘为路石、慨当以慷、求真务实的历史名人，心存景仰，并愿与千千万万的读者，尤其是青年朋友一道学习弘扬。

组织编撰“云南百位历史名人传记丛书”是一项重要的文化工程，编撰出版人员都做出了艰苦的努力，但由于众手修书，书稿层次不一，成书体例难以做到完全一致，对存在的不足敬请读者批评指正，我们将虚心接受，并在修订再版时一并吸纳修改完善。

# 目录// MULU

目录 // MULU

目录// MULU

# 目录// MULU

# 孙髯翁生活的时代背景

众所周知，一个人的世界观、人生观、价值观的形成，主要是在青少年时代。而孙髯翁的青少年所处的时代，正是清朝初期向中期过渡的时期，内地的影响、生产力提高、统治者的暴虐、新思潮不断涌现等相互交织。因此，他的民本思想和性格的形成不是偶然的，而是有着深刻的历史背景。

## 社会重大转型时期

孙髯翁所处的时代跨越了清代康熙、雍正与乾隆三个时期，历经近百年，就是许多史书称之为“康乾盛世”的年代。清朝替代统治了二百七十六年的朱明王朝，这不仅仅是朝代简单的更迭，更是政治格局、文化思想、传统价值观念的重新组合的重要时期。

特别是在清朝初期，新旧政权的交替，权力与利益的再分配，中央为巩固集权统治与地方为维持小团体利益的冲突，皇室上层领导集团内部的钩心斗角等等矛盾都集

坐落于昆明大观楼公园的孙髯翁塑像

中暴露无遗。在民间，“反清复明”的思潮与行动一直延续到大清王朝统治的三百余年漫长的历史时期。

## 严格的意识形态管控

尽管清军入主中原以后，为保证国家统一，在抵御外国入侵、打击国内分裂势力方面，平息“三藩之乱”、收复台湾与澎湖列岛；在倡导汉学、尊崇儒家、信奉佛教等文化与意识形态方面实施了大量举措；在人事制度上，实行了科举制度，启用了一批汉族的社会精英，如洪承畴、张廷玉等人。但是清朝统治集团为了自身的既得利益，利用掌控的政权工具，仍然实施高压政策与措施。为了维护皇权，历朝历代都实施“文字狱”，到了清代，为了禁锢文人的思想，统治集团将文字狱扩张到了登峰造极的地步。

清朝统治者十分忌讳朝廷内外谈论前明之事，更不能容忍讥讽的言语。自顺治起，康熙、雍正、乾隆大兴文字狱，惊世骇俗无所不用其极。仅雍正在位的十三年，在案的文字狱就达到二十多起。

雍正年间，翰林院庶吉士徐骏，是康熙朝刑部尚书徐乾学的儿子，也是顾炎武的甥孙。徐骏在奏章里，把“陛下”的“陛”字错写成“狴”字，雍正马上把徐骏革职。后来再派人一查，在徐骏的诗集里找出了“清风不识字，何事乱翻书”、“明月有情还顾我，清风无意不留人”等诗句，雍正认为诗中的“清风”便是暗喻本朝，这是存心诽谤，于是照大不敬之律将其立即斩首，这便是所谓“清风不识字”案。

翰林胡中藻一句“一把心肠论浊清”，就因“浊清”二字，被治罪。

小吏徐述夔一句“且把壶儿搁半边”，乾隆说他是借“壶儿”指“胡儿”，就是暗喻满族，因此治罪天下震惊。

乾隆年间，“伪孙嘉淦奏稿”案在全国引起轩然大波。孙嘉淦历任左都御史、吏部和刑部尚书及直隶制台、湖广制台等中央、地方要职，以敢于直言极谏著称，声望很高。乾隆十六年（1751 年）前后民间出现了一个假托是孙嘉淦写的奏稿，稿中的内容“五不解，十大过”，直责乾隆帝，并把当时的朝中大臣几乎全部进行揭露斥责。全国十八省皆争相传抄伪稿，次年六月，伪稿流传到云南时被当局发现，由此顺藤摸瓜，辗转根究，在全国追查伪稿作者，使数十人获罪下狱。

实施文字狱的后果是更加引发了知识分子的不满情绪和叛逆的心理。特别是一些不得志的民间下层文人，他们的诉求得不到满足、自身的价值得不到认同，只能追根溯源，以明朝之汉文化为本，寻求心理平衡。

## 具有新思潮萌发的氛围与社会基础

新文化新思潮的传播对云南影响极大。以明朝后期罗汝芳、李贽为例。

罗汝芳，生于正德十年（1515年），卒于万历十六年（1588年），字惟德，号近溪，明朝南城县罗坊人，著名哲学家、文学家，杰出戏剧家汤显祖的老师。泰州学派的传承人，一生从事讲学活动，宣讲哲理，教化士民，以发人良知和济人急难闻名于世。曾任云南道巡察副使，上任后即着手整治昆明堤，疏浚滇池，兴修水利，发展农业生产。入滇五载，虽年逾花甲，讲学热情依然不减，昆明五华书院和春梅书院都是他讲学的重要场所。

李贽，生于嘉靖六年（1527年），卒于万历三十年（1602年），福建泉州人，明代著名的思想家、文学家，泰州学派的一代宗师，晚明思想启蒙运动的旗帜，一位以"奇谈怪论"闻名天下的狂人和奇士。曾任云南姚安知府。李贽在社会价值导向方面，对封建社会的男尊女卑、重农抑商、假学道、贪官污吏、社会腐败大加痛斥批判。主张"革故鼎新"，反对思想禁锢，大胆提出："天之立君，本以为民"的民本思想，主张个性解放，倡导功利价值，符合明朝中后期资本主义萌芽的发展要求。

在明代末期，罗汝芳、李贽等人相继到云南，他们著书讲学，新思潮的传播对云南的知识分子影响颇深。

明清时期，通过民屯、军屯、商屯、商贸交往等多种渠道，30余万内地人迁徙云南（如，孙髯翁原籍陕西，师范原籍山西，苗雨亭原籍浙江），逐渐改变了云南"夷多汉少"的人口结构，更重要的是，内地人带来了新的生产方式、新的生活方式及新的思想观念，这些人在政治、经济、文化、教育等领域占据了一定的地位，客观上创造了新思潮萌发的氛围与社会基础。

## 新的生产关系初见端倪

另外一个深层次的原因是，明朝中后期至清朝，随着生产力的发展，虽然云南整体还处于以小农经济为主体的经济，但以初级工业和商贸活动为代表的新兴经济萌芽已经开始诞生。明朝嘉庆三十四年（1555年），云南开始铸钱，每年上缴户部三万余。清朝时期一些手工业逐步演进到初级工业化，康熙二十一年（1682年）蔡毓荣任云贵总督，到任后上疏《筹滇十疏》，其中第四疏专门讲矿产开发。他提出："广示招徕，或本地殷实有力之家，或富商大贾，悉听自行开采，每十份抽税二份。"由此可见，这一时期官府不仅大力发展矿产业，而且在产业化中积极鼓励私人资本投资，形成了官商经营的多元化格局。

在雍正年间，仅云南东川地区就兴建了31个铜矿厂，平均每年产铜800万—900万斤，一批农民变成了产业工人。乾隆时期（1736—1795年），云南出铜每年达六七百万斤或八九百万斤，最多时达一千二三百万斤，因此《清史稿·食货五》说："滇省铜政，累叶程功，非他项矿产可比。"

盐矿也是当时云南重要的非农产业，据《清实录·高宗实录·卷九百二十》记载，乾隆三十七年十一月壬辰朔（1772 年 11 月 25 日），户部议复云南巡抚李湖酌盐井各事宜："省城向设总店，分立大铺一百二十处，行销黑井、安丰井盐九百一十一万一千七百六十余斤。除南宁、沾益、寻甸、平彝、宣威等五州、县官运盐一百七十万斤，其余转销于迤东之昆明等十六属民返运销。"此一史料展示了云南盐产业的生产规模，特别是记录了官、民多渠道参与特殊商品市场营销的模式。

及至道光二十四年（1844 年），帝诏云南、贵州、四川诸省，除已开采者外，如尚有其他矿愿开采者，"准照现开各厂一律办理"。道光二十八年（1848 年），又诏云贵、两广等省督抚广泛清查矿源，积极开采，至于开矿是官办、民办或商办，"朝廷不为遥制"。清廷有此态度，"一时矿禁大弛"。其时云南除重开一部分明代已封闭的银矿外，还新开了茂隆、募乃等民营大银矿。茂隆银矿位于云南孟定府西南佤族地区，今云南省临沧市沧源县，繁荣时有矿工约 3 万人，年产白银上万两；募乃银矿位于今云南省普洱市澜沧县北部，相传繁盛时有 360 座冶银炉日夜冶炼，矿工达 10 余万人。

清朝时期昆明的太和街（今北京路）商贾云集，有安徽、浙江、四川、广西、广东以及迤西的地道药材，有三迤的鹿茸、虎骨、熊胆、麝香、虎皮、豹皮、麂皮、狐皮、牛羊皮以及木耳、白生、笋丝、普洱茶等山货，还有东川的铜、锰、铅，个旧的大锡、黄草坝的棉纸、四川的烟叶，是南来北往商品的集散地，商贾的力量逐渐增强，成为新的社会阶层。

物流、信息流增大，财富的积累，使人们的生产方式、生活方式发生了改变，初级工业的兴起与商品交换的新形式促进了社会分工，新的生产关系初见端倪，人们渴求自由、张扬个性成为新潮流。经济的繁荣、社会交往的扩大，更是初级民主思潮的助推器。经济的迅速增长与意识形态的严格管控，形成了严重的反差，孕育着尖锐的不可调和的矛盾。

## 严酷残暴的统治手段

清朝初承继了元明时期的土司制度，实行“以夷治夷”的政策，在西南夷地任用少数民族头领担任各级官长，有宣慰使、宣抚使、安抚使、土知府、土知州、土知县等，统称“土司”。云南省的土司主要集中在东川（今会泽）、乌蒙（今昭通）、镇雄、临安府（今红河州），往西经普洱府（今普洱市、西双版纳州）、顺宁府（今临沧市）、永昌府（今保山市和德宏州的一部分）至腾越厅（今腾冲县及德宏州的一部分）的边境地区。

清朝统治者为了更多地掠取少数民族地区的资源（如东川土府的铜矿），增加经济上的剥削收入，巩固在少数民族地区的统治，便裁撤部分土司，同时由朝廷直接委任官员——流官，负责管理原来土司管辖的区域，这便是所谓的改土归流。

雍正年间，第二十任云贵总督鄂尔泰是实施改土归流的急先锋。他主动向朝廷建议："为剪除夷官，清查土地，以增赋税，以靖地方事，若不改土归流，将富强横暴者（指土司）渐次擒拿，懦弱昏庸者（亦指土司）渐次改置，纵使田赋兵刑，尽心料理，大端终无就绪。"雍正皇帝批准了鄂尔泰的奏折："朕深知鄂尔泰才学广博、胆识过人、勤勉于政，此番改土归流筹划缜密，必能办寇，朕心甚慰。"

改土归流的实施，激起民族地区人民的反抗。鄂尔泰竟不惜采取武力镇压的手段。例如，雍正六年（1728年），在乌蒙米贴（今永善县）就杀害了三万余彝族民众，制造了惨绝人寰的米贴惨案。倪蜕《云南事略》记载了当时的残状："凿颅批面，剁手截足，划腹抽肠，活絣生竿，极千古未有之残酷。"

清朝时期大规模实施改土归流残酷的现实结果，无疑使孙髯翁等普通知识分子进一步认识了清朝统治者的凶残面目。

综上所述，崇祯皇帝在北京煤山殒命后，明朝的遗老遗少们拥戴地方藩王建立南明政权，以李定国为首的反明农民起义军顺势而变，迅速将战略调整为"反清复明"，用武装割据的方式顽强地对抗新兴的清朝政府，以争取获得主流政治的地位。

虽然南明政权消亡，但当时中国底层的知识分子和老百姓，在思想上仍然以汉民族统治的明朝为正统，普遍认同“反清复明”的思想，但他们在与如同庞然大物的清朝政府的对垒中却是弱势群体。他们不可能用刀剑作武器，伸张自己的政治诉求，而只能用笔墨为武器，借助诗、词、文章、小说等文学作品，含沙射影地、迂回曲折地、隐晦地表达自己的心声与情感，宣泄愤怒、显示反抗，余嘉华先生认为，这是文字狱下一种特殊的斗争方式。比孙髯翁略早的吴敬梓，在《儒林外史》中，以辛辣的笔墨批判了八股科举制度，讽刺了儒生的种种丑态。特别是与孙髯翁同时代的曹雪芹，他所撰写的《红楼梦》，许多红学家认为是通过对四大家族兴衰历史的描写，揭露封建社会灭亡的必由之路。无独有偶，孙髯翁在昆明大观楼撰写的 180 个字的对联，被人们誉为“天下第一长联”，除了艺术性以外，许多人认为它是大清朝灭亡的挽歌。更有人赞誉说当时中国文坛，北有曹雪芹、南有孙髯翁。孙髯翁是否能与曹雪芹比肩，只能是仁者见仁、智者见智。但是一个不争的事实是，当时的知识分子（推而广之历朝历代的知识分子），只能用手中的笔摇旗呐喊、鼓动人心。

拥有地方武装的集团与发散的知识分子，两股或明或暗的力量交汇在一起形成了反抗清朝的势力。当清政府平息武装割据之后，弱小的知识分子群体便成为与清政府博弈的一支潜在的力量。

了解孙髯翁生活的时代背景，有助于全面深入地认识孙髯翁其人其事，在解读赏析其作品时，能够正确理解他表达的内心世界。

## 孙髯翁离奇的身世

全面深入认识孙髯翁，首要的问题是要了解孙髯翁的身世，然而孙髯翁的身世却充满了许多谜团。其父叫什么名字？何时入滇？为什么入滇？跟随什么军队入滇？历史记载为何扑朔迷离？他的名字为什么叫“孙髯”？孙髯翁的原籍是何地？孙髯翁生于何时何地？孙髯翁究竟逝于何时何地呢？

## 他的名字为什么叫“孙髯”

全面深入认识孙髯翁，首要的问题是要了解孙髯翁的身世，然而孙髯翁的身世却充满了许多谜团。

他的名字为什么叫“孙髯”？据《续修昆明县志》卷四《人物志》记载：“孙髯，字髯翁，号颐庵，生而有髭，故以髯名。”孙髯翁呱呱坠地时，嘴唇边与鬓角都有细细的茸毛，似胎毛，又似胡须，观者莫不惊异，故名“髯”。果然孙髯长大以后胡须浓密，似美髯翁关云长一般。至中年后，即以髯翁为字、颐庵为号。

## 孙髯翁的原籍及出生地

孙髯翁的原籍是何地？生于何地？据师范在《滇系·孙髯翁拟输捐直省条丁缓征逋欠谢表后记》中提到：“髯字髯翁，陕西三原人，其父以武职宦滇，遂家焉。”可知孙髯翁原籍陕西三原县。据清朝《昆明县志》记载，孙髯翁父亲“老蚌得珠”。生于昆明。

师范，字荔扉，又称金华山樵，大理赵州辛野村人（今弥渡），生于乾隆十六年（1751 年），是孙髯翁的学生，乾隆、嘉庆年间三迤的风流名士之一。

师范得益于孙髯翁的指导并受其影响，擅长文学，熟悉地理、水利、边防军事，一生写诗五千多首，他编著的《滇系》一书，计四十册，约四十五万字，记述了云南的历史、典故、艺文等内容，姚鼐称此书为“史氏一家之美”。因喜爱剑川华山秀湖，自号“金华山樵”。师范曾任安徽望江县令。嘉庆十三年（1808年），师范被罢官。因为贫困不能回乡，嘉庆十六年辛未（1811年），师范客死望江，享年六十岁。师范的挚友济南太守张淏洲辗转千里将其灵柩送回弥渡，葬于东山。

另据孙髯翁的学生董懋泉《题髯翁夫子凯歌后》：“身在天涯心在秦，白头信庾泪沾巾。客中作客难为客，春日寻春那当春。六诏应多新地主，三原岂少旧乡亲。近华浦上波千顷，不信云南有此人。”孙髯翁的原籍是陕西三原县应该是可以肯定的。

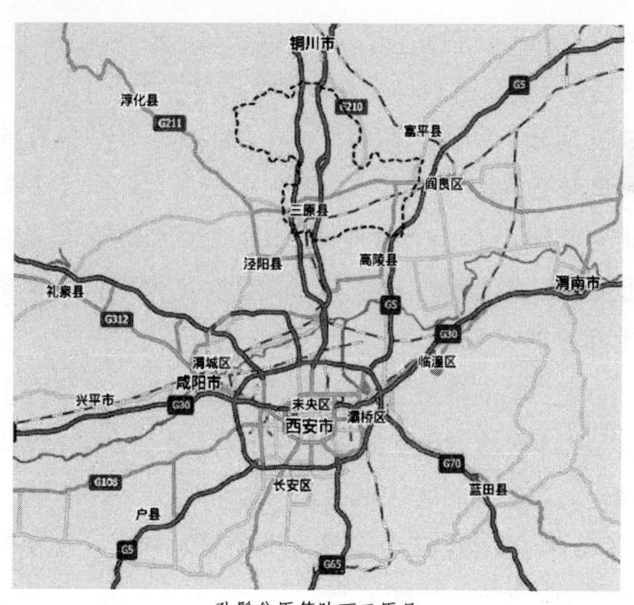


孙髯翁原籍陕西三原县

孙髯翁生于何时？逝于何时何地？据易问耕先生考证，认为孙髯翁大约生于清康熙二十四年乙丑岁（1685年），其根据是乾隆二十五年庚辰岁（1760年），孙髯翁为一位窦姓老先生祝贺七十寿辰时写的《贺寅翁老先生七秩荣寿》："庚辰正月夫载阳，天晴瑞霭郁相望……主人今年年七十，双瞳剪水含珠光……座上一叟七十五，一叟七二相雁行，一叟七十身体胖，皤然白发两髯苍……"诗中所言的几位老者，除主人外，应该是包含孙髯翁在内的三位老者，年龄都在七十岁以上，然而据史料记载，孙髯翁个子矮小，容貌清瘦，他不可能是"七十身体胖"之人，其余只有"七十五"和"七十二"两种可能了。而按七十五岁来计算，往前推七十五年，正好就是易老先生考证的康熙二十四年乙丑岁（1685年）。

再据赵椿先生《联圣孙髯翁身世及生卒年考》："先生的女婿在弥勒赶马经商，往来于师宗、丘北、泸西和弥勒间，为人忠厚，家道殷实，为尽半子之责，于乾隆三十七年壬辰岁（1772年）将先生接到弥勒奉养。他和女儿女婿一起生活了两三年，先住弥勒新瓦村，后迁至三道桥村，以教书为生。""乾隆三十九年甲午岁（1774年）春正月初九日玉皇诞辰，先生跨鹤西归，享年九十上寿。苗雨亭公感念至交之情，将先生殡葬于弥勒城西苗氏茔地。"以此计算再次证明孙髯翁应当生于1685年，卒于1774年。此说与易问耕先生之考证相吻合。孙髯翁墓地现迁至弥勒市玉皇阁山上。

据王兴麒《大观楼长联作者昆明孙髯翁生卒年考》称，“孙髯翁当生于清康熙二十七年（1688 年），卒于乾隆三十七年（1772 年），享年八十有四。”其考证与易问耕先生之说略有差别。

师范所著《滇系·艺文十七》记载了师范两次前往咒蛟台拜谒孙髯翁的情景：“戊子秋，予见其门联，心异之，抠衣入谒，白须古貌，兀坐藜床上，如松荫独鹤，互相问询，乃以诗请。拍案敷陈，目光炯炯射人。自是时携饼饵与谈，辄至暮始返。”这里记述的“戊子秋”即乾隆三十三年秋（1768 年），依易问耕、赵椿两人之说，孙髯翁八十有三。乾隆三十五年庚寅岁（1770 年），师范再次拜访，先生依然耳聪目明，神志清醒，走路不用藜杖，时年孙髯翁已八十五岁。

孙髯翁晚年寓居的昆明圆通寺

又一个例证是孙髯翁诗作《辛卯观诸生入闱》。“辛卯岁”即乾隆三十六年（1771 年），这首诗应该是当年秋天孙髯翁观摩昆明贡院考场后的作品，说明当时孙髯翁还健在，其时八十六岁。按此推算，此后孙髯翁在弥勒生活约三年后去世，是符合时间逻辑的。

## 孙髯翁的父亲

家庭是社会的细胞，在以小农经济为主体的中国封建社会，家庭是生产单位、族群生活的团队，更是传统文化传承与接力的重要载体，父母自然成为子女的第一个启蒙老师。父母的社会经历、文化水准、道德情操、价值取向，直接地、潜移默化地影响、塑造着下一代，家庭对人的影响是社会背景的微观层面的问题，但是这种影响力却是其他因素不可替代，也是不可或缺的重要因素。孙髯翁也毫不例外。

说到家庭对孙髯翁的影响，就有必要对他的父亲有一个全面的了解。因此，本书花了一些笔墨对其父的经历进行探究，以期对孙髯翁思想、性格的形成有一个深入地了解。

孙髯翁虽然是历史名人，但是他毕竟只是一介布衣，关于孙髯翁的生平事迹史料记述的并不多，对于其父及家庭的记载就更为罕见。对其父及家庭的记载，只有清朝师范在《滇系·孙髯翁拟输捐直省条丁缓征逋欠谢表后记》中提到："髯字髯翁，陕西三原人，其父以武职宦滇，遂家焉。"等寥寥数语。

孙髯翁曾经居住过的昆明大梅园巷

那么其父叫什么名字？何时入滇？为什么入滇？跟随什么军队入滇？是清军、大西军残部（李定国部），还是南明军队“以武职宦滇”，是什么级别的武官？这些关键的细节至今仍然是个谜，包括孙髯翁的故乡三原县至今都未发现任何有关记载。

依据当时的情势来看，清军攻陷北京以后，南明的势力主要集中在华南地区的福建、广东与广西一带，此后向西南的贵州、云南游走。因此，孙髯翁的父亲不可能自西向东辗转千里投奔南明军队而后入滇。其入滇的路线极大可能是从陕西经四川、黔西南进入昆明。

那么究竟是随哪支军队入滇的呢？这更是一个关键的问题。

顺治初期，清军的战略部署是，在消灭李自成以后，一路南下彻底剿灭南明残余势力；另一路则是挥师西南，歼灭部分南明力量，同时击败张献忠的大西军，完成一统天下的大计。

当时靖远大将军英亲王阿济格率领的清军与张献忠的大西军在陕、川地区形成犬牙交错的战争态势。

陕西人历来争强好武，清军要进攻四川，需要在陕西地区招募士兵增加兵源，而孙髯翁的父亲正是那时加入清军而后入滇，这种可能性也是存在的。例如，祖籍陕西榆林的赵良栋（1621—1697 年），于顺治二年（1645 年），清军平定陕西时应募从军，屡建奇功，成为清军骁勇善战的名将，康熙十九年（1680 年）率兵攻克成都，擢升为第七任云贵总督，次年与彰泰等攻下昆明，平定三藩之乱。

另据清倪蜕《滇云历年传》记载，清兵在康熙二十年辛酉岁（1681 年）“（十月）二十八日，克云南，入其城”。如果孙父此时随清兵入滇，那么他宦滇两年后，正是他择偶成家的最佳时期，孙髯翁于康熙二十四年（1685 年）出生也就在情理之中了。并可知孙髯翁诞生于云南昆明。

另一种可能性是，孙髯翁的父亲是跟随李定国为首的大西军残部入滇。

明末清初，全国各地农民起义风起云涌，陕西地区以李自成、张献忠为首的农民起义军的势力最为强大，许多穷苦农民纷纷加入义军。在广袤的八百里秦川、关中平原腹地，坐落着三原县，因境内有孟侯原、丰原、白鹿原而得名。三原县南距西安、西距咸阳、北距铜川、东距闫良等地均约六十里，处于得天独厚的秦川“弧心”位置。

三原县地处关中地区，自然也深受影响。

从细节来看，顺治初期孙髯翁的父亲仅为十二三岁，即使清军要抓壮丁补充兵源，还不至于让未成年的他去充当炮灰，所谓当兵吃粮是要出力卖命的。如前所述，赵良栋受清军招募时为二十四岁，正当其时，因此加入清军。反倒是义军中儿童从军的却不少，甚至在李自成、张献忠的农民起义军中就有成建制的童子军，著名抗清将领李定国就是十岁时投奔张献忠的农民起义军，就是最好的例证。

再从另外一个细节来看，师范对孙髯翁父亲的记载暗藏玄机。首先，孙髯翁与师范是忘年交，师范对其家庭应该是知根知底，但是他却没有交代孙髯翁的父亲的名字，何时、随何人入军与入滇以及官居何位？这对于一生严谨、著述颇丰的文学家、史学家的师范来说，绝不可能是偶然的疏漏。时间、地点、人名这些都是每一篇记叙文的关键词，何况史实？

反复仔细阅读师范的那几句话，似乎可以找到谜底。

纵观古今中外，所谓史实，其实是实中有虚的文字。史学家对于自己（或社会）认同或服务的人，总是遵循隐恶扬善的原则，采取褒奖的手法，而对于那些既不能回避、又不能不讲的难言之隐的事件，只好采取模糊的手法，例如正史中对于光绪皇帝之死的记载便难以自圆其说，而成为历史悬案。

师范正是采用了这样的惯例。记述孙髯翁的父亲跟随大西军入滇的事实，这对于师范来说确实是一个棘手的问题。因为如果照实写，无疑有歌颂前明（朝）之嫌，以至于暴露孙髯翁的身世引来祸端。因此，师范对于难言之情采取了模糊的手法。

反之，如果孙髯翁的父亲是随清军入滇，那么他应该是为大清朝立下汗马功劳的官宦，功成名就之后应该是衣锦还乡，即便是滞留昆明，师范在撰写这段历史的时候，本可以大书特书，即便不使用赞誉之词，至少也不用刻意回避，只需照实记录。师范用心良苦的有意模糊，留下了一个历史的空白与悬念，也为 300 年后的人留下了一个猜测的空间。

孙髯翁的父亲在大西军、南明军队的经历（估计只可能是一个中下级军官），接受了反清复明的思想，这种思想基因必然传递给他的儿子孙髯翁。这可以从后来孙髯翁的平民反叛思想中得到淋漓尽致的反馈与呼应。

当然，孙髯翁的父亲为什么滞留寓居昆明又是一个历史的空白与悬念而无法考证，这又为后人留下了谜团。

## 孙髯翁与秋闱风波

当孙髯翁目睹了官场的黑暗，特别是亲身经历了科考的腐败，他对科场搜身极为愤慨，于是拂袖而去，遂发誓终生不赴秋闱之试，毅然决然地断绝了入仕为官的渠道，作为当时的一个文人这是需要极大的勇气与魄力的。这一举动虽然是一种贸然的冲动，但是正是这种冲动，彰显了孙髯翁特立独行的个性与可贵的叛逆精神。

## 云南贡院

科举制度始于隋朝，以后历朝历代沿用至清朝末期。科举是古代统治者选拔国家人才的重要制度。所谓学而优则仕，对于个人则是通过科举获取功名、获得社会政治地位和稳定而丰厚收入，从而跻身上流社会光宗耀祖。

清朝的县试多在二月举行，府试多在四月份举行。乡试在京城及各省省城举行，是朝廷举办的重要选才考试，三年考试一次，一般在子、卯、午、酉年的秋天举行，所以也叫“秋闱”。

科举时代士子应试的考场称为贡院，又称作“考棚”“闱场”。

云南的贡院最早设在昆明的威远街西段，当时的规模较小。明弘治十二年（1499 年），选择昆明城的西北面九龙池畔兴建贡院（即今云南大学内）。整体布局合理、气势恢宏：“背负北辰，面临翠海，居高瞰下，势若虎踞”。以后逐年增建，明朝嘉靖年间，巡抚顾应祥增建；万历年间，巡抚刘世增重修。南明时期，这里曾是农民起义军大西军将领艾能奇的定北府。明末，永历帝流寓云南，曾以云南贡院作为滇都宫室，在此驻跸一年左右。清朝康熙三年（1664 年），云贵总督卞三元主持重建，至清康熙四十七年（1708 年），云南布政使刘荫枢主持拓修，考舍已增建到 4865 间。

有的书籍将云南科举考试的地方误为昆明的文庙。众所周知，自从明朝以来至清朝光绪末年，昆明的科考都是在云南贡院举行，即现今云南大学内，而昆明文庙则是元朝至元十三年（1276 年），由云南平章政事赛典赤主持兴建，是供奉“大成至圣文宣王先师”孔夫子的地方。



云南贡院

贡院内白墙黄瓦、雕梁画栋、古朴典雅。为安全起见，避免闲杂人员混入，贡院四周高高的墙头上扎满了棘刺，所以贡院又被形象地称为“棘闱”。

云南大学内保留的清代考棚

清朝时期，云南贡院每三年举行一次乡试，连考三场，考中者即为举人。每次乡试，云南及贵州考生多达五六千人，据《明清进士提名碑录》统计，云南籍进士共950人。

云南贡院（现云南大学）

云南贡院（现云南大学）

清光绪二十九年（1903 年），云南贡院举行了最后一次乡试。民国十一年（1922 年），东陆大学建校以云南贡院为校址，在此基础上扩建而成。

清朝时期每个衙门前都排列着一对威武的石狮，象征着官府的权威，而在贡院的头龙门前，却是立着一对石头打制的独角兽，分列石阶左右两旁，这种传说中的独角兽的名字叫獬豸（音“械至”），据说它能够辨别是非曲直。头龙门是贡院的大门，分为中、左、右三道，二龙门也有三道，中门只有监临、主考可以出入，平时中门紧闭。监临、提调及一切内、外帘官等，都是从左门出入，只有当试官进入贡院时，监临、提调可以从中门进入，出闱则不能。

二龙门内有一个长宽十五六丈的院坝，院子中央伫立着明远楼，在楼上供奉着魁星及朱衣神。至公堂是一座五大楹的两面坡单檐建筑物，南北两面开门，门窗皆为精工镂空木雕，正门上方悬挂“至公堂”匾额，出自明朝永乐进士严孟衡的手笔。清朝乾隆年间，两侧立柱又增添了内外双联，内联集乾隆名句：“立政待英才，慎乃攸司，知人则哲；与贤共大位，勋哉多士，观国之光。”外联为乾隆解元那文风撰：“文运天开，风虎云龙际会；贤关地启，碧鸡金马光辉。”

云南贡院内部分为三大部分：内帘官住处、外帘官住处、士子号舍。至公堂是贡院的中心，左右两边排列着士子号舍（考棚）。堂后的一道总门为界限，门内为内帘，即主考官、内监试、内收掌、八房考等人的住所及衡鉴堂都在这道总门内。门外为外帘，计有监临院、提调院、监试院、至公堂、弥封所、对读所、誊录所、供给所等。

## 秋闱风波

主管云南科考的张东阁惜爱孙髯翁的才学，曾示意云南府知府徐铎（字南冈）、五华书院山长孙潜村催促他参加科考，孙髯翁曾经暗下决心，希望通过科举考试走上仕途。但是当孙髯翁走进考场，看见衙役对一些穿着简朴的考生们大声呵斥，命令他们另列一行，借口检查是否有夹带，逐一进行搜身。为防止顶冒代考，对这些考生的皮肤黑、黄、白，脸型长、圆、方，身材长、中、短，胡须有无及长短稠稀一一登记，甚至对鞋、袜、帽以及衣、裤上所缀补丁都要一一仔细盘查。而另一旁一班衣着光鲜、有钱人家的纨绔子弟，却因向衙役递送银子行贿，交纳了所谓“免搜身费”，得意扬扬、大摇大摆地直接进入考场。

孙髯翁目睹了官场的黑暗，特别是亲身经历了科考的腐败，对科场搜身极为愤慨，于是拂袖而去，遂发誓终生不赴秋闱之试，毅然决然地断绝了入仕为官的渠道，作为当时的一个文人这是需要极大的勇气与魄力的。虽然这一举动是一种贸然的冲动，但是正是这种冲动彰显了孙髯翁特立独行的个性与可贵的品质。雍正初年的“秋闱风波”成为孙髯翁平民思想的起始点。

孙髯翁对科举制的深恶痛绝，他在乾隆三十六年（1771 年）写的《辛卯观诸生入闱》一诗中说：不学无术的胥吏，负责点名时候，不仅常常将考生的名字念错，而且趁机向考生索取钱财大发横财，如果交了钱财的考生便给予方便。“唱名胥吏嫌字难，趁空馀丁劫横财。”“倩代不妨金厚许，咨询打点笑先开。”在诗中孙髯翁辛辣尖刻地讽刺了胥吏的愚蠢、贪婪与弄虚作假的丑陋现象，更是对腐败制度猛烈和无情地抨击。

## 张扬的个性与乐观豁达的平民品质

孙髯翁具有洁身自好的气节、疾恶如仇的精神，不愿意阿谀奉承，不想委曲求全于官府。他文采飞扬，著作颇丰、潇洒自如。尽管晚年生活十分拮据，他却保持洁身自好，甘愿寓居圆通寺，时常断炊，过着以石洞栖身，以占卦代写书信谋生，自食其力的清贫生活。

## 疾恶如仇的一生

广宁张东阁制台仰慕孙髯翁的才学，便聘请孙髯翁为幕僚，可孙髯翁忍受不了官府那些繁文缛节，憎恨官场的腐败，不愿意阿谀奉承，他不想委曲求全于官府，做了不多日子就极力辞去。许多文人墨客都以菊花为题吟志，在孙髯翁身后留下的诗篇中，有多达十首是以菊花为题材，通过对菊花的咏叹，孙髯翁清高孤傲的个性跃然纸上。据传，孙髯翁曾经在昆明大梅园巷寓居，其间曾在此地种植梅花树，自称“万树梅花一布衣”的孙髯翁对梅花情有独钟，但却鲜见他对梅花描述的文字（这也是一个谜）。

孙髯翁一生疾恶如仇，他中年曾经在云南大理寓居过一段时间，其间大理多地发生旱情，但是当地官员却熟视无睹，依然花天酒地，他目睹了百姓的疾苦，大理等基

云南大理

层官员的昏聩，逐渐看清了他们的真实面目，用手中的笔奋然写下嘲讽抨击官僚的《竹枝词》：

自古民愁官不愁，垄头啼遍众斑鸠。
龙王不下栽秧雨，躲在苍山向日头。

## 寓居圆通寺

孙髯翁晚年生活十分拮据，居无定所。时圆通寺住持老僧和他交情甚笃，怜悯他的境遇便接纳他。

孙髯翁寓居的圆通寺，前临五华山，后接螺蜂山（现圆通山），地处两山之间的谷地，始建于唐朝南诏时代，初名“补陀罗寺”。“补陀罗”是梵文的译音，亦有译作“布达拉”或“普陀”。意译是“开着小白花的光明山”，为观音菩萨的道场。“圆通”是观音三十二名号之一，观音又称为“圆通大士”。这座补陀罗寺是中国最早的观音寺之一，比四大佛教名山之浙江普陀山要早一百多年。补陀罗寺存续了四百多年，毁于元初的战火，元朝大德五年（1301 年），在补陀罗寺废墟上重建规模较大的寺院，并更名为圆通寺。圆通寺建成后，改由汉传佛教禅宗的名僧主持，元朝皇帝“赐玺书嘉”。扩建工程历时十八年，直到元延祐六年（1319 年）才告完成。

孙髯翁曾在这里赋诗一首《题昆明圆通寺壁立堂》：

庄严世界还须佛；

点染春光也要人。

圆通寺殿宇巍峨，佛像庄严，楼阁独特，山石嶙峋，削壁千仞，林木苍翠。被誉为“螺峰拥翠”“螺峰叠翠”，一直是昆明的八景之一。

进入古刹山门，只见道路两旁古树参天，不远处耸立着一座金碧辉煌的牌坊，上部为木雕彩绘，下部为石刻浮雕，正中大红底板上刊刻着四个烫金楷体大字：圆通胜境，据说为吴三桂所题。

佛龛前两根十丈高的大立柱上，塑着青黄二龙，张牙舞爪、腾空欲飞，这殿内主佛两侧有青黄二龙龙柱一对，这在其他寺院内实属罕见之物！这其中有两种传说。其一，龙柱乃是皇家饰物，据说是因为明建文帝朱允汶“靖难之变”后，逃到云南，曾在这里久居。这对侧立

昆明圆通寺

的龙柱表达了真龙天子对佛祖的敬重。其二，昆明坝子时常水患不断，为保风调雨顺，昆明百姓都有祭龙的习俗，圆通山，东有盘龙江、西有九龙池，崖下古洞潜藏蛟龙，此处正是祭龙的好地方。

沿着右边的石栏，走过一池碧水中的八角亭，来到放生池前，峭壁摩崖之上有几幅题刻，其中一幅较为醒目：“衲霞屏”，为康熙二十八年（1689年）春，云贵总督范承勋所题。放生池的左面山腰间有一个小亭子——咒蛟台，石台下面就是潮音洞和幽谷洞。传说因前洞中有蛟龙作祟，时常引发洪水，危及寺院，祸害昆明百姓，当时的住持便请晋宁盘龙寺开山祖师觉照在此筑台念经七天七夜，镇住了蛟龙，消除了水患，这座念经的平台以后便称为“咒蛟台”。孙髯翁晚年自号“咒蛟老人”即由此而来。咒蛟台右面是数十级陡峭弯曲的石阶，上有一座小小

昆明圆通寺螺峰山

的楼阁，叫“夕佳阁”。夕佳阁以陶渊明“山气日夕佳”的诗句而得名，虽然其名颇具诗意，其实就是稍加人工改造的一个天然洞穴，虽然简陋但较为安静，适合孙髯翁修身养性、研习文学。回首往下一看，圆通寺的全景尽收眼底，再远处是圆通街、螺峰街，孙髯翁就这样将自己与喧嚣、浮躁的外界隔离开，在这荒芜的山冈之中过着半隐居的生活。

孙髯翁曾赋诗一首《题昆明圆通寺夕佳阁》：

百尺高楼一片岗峦千点树；
满城春色半边海水四围山。

孙髯翁寓居在圆通寺的石洞内过着清贫的生活，他在圆通寺大门外摆了一张木桌子，立了一个招牌，上书“蛟台老人占卦代写文书处”。以代写书信、占卦换取微薄收入为生。不为五斗米折腰，以乐观豁达的精神坚持

昆明圆通寺

自己的道德底线。在《咏烧茄》一诗中，他风趣地写道：“未过屠门嚼，取茄漫火烧。不须叹四簋，也可醉千瓢。”又如，在《咏茭瓜》一诗中他写道：“淡薄平生志，茭瓜较肉嘉。绿排江上阵，香老水之涯。”吃茄子、茭瓜也有乐趣，比之那些贪官污吏“朱门酒肉臭”，孙髯翁的品质何其高贵！

孙髯翁自食其力，以占卦、代写书信与喜庆贺扎谋生，甚至有时一天都没有收入，时常断炊，“然求百钱不可得，恒数日断炊烟”。尽管生活十分拮据，凡遇穷困之人他分文不取。孙髯翁甘愿寓居圆通寺，终日伴随着暮鼓晨钟，过着以石洞栖身的清贫生活，尽管如此，仍然有许多友人前往请教与交流。

段琦在《赠孙髯翁诗人》一诗中，生动地描写了孙髯翁在圆通寺寓居的艰苦生活与乐观豁达的精神：

我登咒蛟台，石磴盘青丝。
上有谷先生，身尺不满六。
髭须雪所为，飞扬兴颇还。
忍饥而诵经，古今横便腹。
老胆发新诗，诗人不能读。
把易高楼前，扫云一卖卜。
日暮倚长松，僧钟趣空谷。

乾隆三十三年戊子（1768 年），髯翁八十有三，滇西师范公前往咒蛟台拜谒，见先生“白须古貌，兀坐藜床上，如松荫独鹤，互相问询，乃以诗请。拍案敷陈，目光炯炯射人。自是时携饼饵与谈，辄至暮始返”。乾隆三十五年庚寅岁（1770 年），师范公再次拜访，先生依然耳聪目明，神志清醒，走路不用藜杖。

有的书籍杜撰孙髯翁在昆明圆通寺的山洞内与一个寡妇结婚成家的情节有悖常理，圆通寺乃是佛家清净之地，尽管佛家慈悲为怀，但是怎能容许俗人在佛家圣地成婚育子？况且孙髯翁当时已经八十余岁，此说不仅无根据，而且有侮孙髯翁的人格。

孙髯翁晚年寓居的昆明圆通寺螺峰山

值得一提的是，在重压之下孙髯翁并没有消沉与退缩，他没有像同朝的唐泰（担当，昆明晋宁州人）一样看破红尘、皈依佛门，出家做了和尚；更没有像有些文人墨客借酒消愁、怨天尤人、悲观厌世。孙髯翁能够正确对待生老病死残，在他两次病重期间，曾经写过两幅楹联，在《自挽一》一联中他写道："五十年经史罗胸，也喜饮酒，也喜看花，开平丧乱，饱经过百事无成，只诗卷长留天地；八十载光阴弹指，不愿升仙，不愿作佛，宝贵功名，如梦灯一端最好，有书香付与儿孙。"《自挽二》："这回来得忙，名心利心，毕竟糊涂到底；此番去甚好，诗债酒债，何曾亏负着谁！"充分表达了他始终保持贫贱不能移，乐观豁达的精神。通观孙髯翁留下的所有诗、词、楹联、文章，没有矫揉造作，更没有丝毫怨天尤人的消极情绪，这不能不让人肃然起敬！

## 崇高的气节

纵观孙髯翁一生的思想与行为，可以看出他的崇高的气节。

昆明北郊的黑龙潭内有一座"明墓"，它是南明忠义之士薛尔望及全家的合葬墓。薛尔望是明末昆明府庠生。顺治辛丑年（南明永历十五年，1661 年），吴三桂率领清兵追击南明永历帝，薛尔望看到南明大势已去，叹息说："我将不惜以七尺身躯为天下明大义。"于是，他就带着妻子杨氏，儿子之翰，儿媳孟氏，女儿梦云、静云，婢兰馨来到黑龙潭，置酒席于亭上宴饮。薛尔望慷慨赋诗，又在壁上题字："愿为殉节之鬼，不愿为苟全之人。"随后带领全家人包括所养的猫、狗一起跳入黑龙潭殉节。黑龙潭是昆明的著名风景区，孙髯翁喜欢山水林木，肯定游览过此处，薛尔望殉节之事，必定在孙髯翁内心留下深刻的烙印。

明末清初名士熊才，字参伯，昆明人。当清军压境，面临山河破碎，他并没有灰心丧气，更没有屈辱偷生，而是投入抗清洪流之中，积极建言，提出"光复之策"。在动乱之秋，他身受王命"监蜀军"，"一夜疾驰三百余里"，挽狂澜于既倒。清军入滇明朝亡，吴三桂请他出来作官，其力拒不从宁愿隐居山林终不复仕，"述有明遗事，往往泣下"。孙髯翁对他的情操大为赞誉，将熊才比喻为宁折不弯的竹子，并为其作诗两首，直言不讳地赞扬这个明朝的忠臣。诗中有："风弄寒香夜半飞，竹梢直拂青宵里。"熊才成为他心中效仿的楷模。

在清朝统治者"文字狱"的高压政策下，在白色恐怖的环境中，孙髯翁与其他普通知识分子一样，只能运用曲折隐晦的方法表达自己的内心世界。例如，他两次游览武定狮山，并没有花费时间精力去吟诵狮山的奇花异草，而是以明朝建文皇帝为题。其一：《春日登狮山》，其二：《再游狮山吊建文帝》，在诗中他对大明朝的兴衰感叹不已。特别是《春日登狮山》，孙髯翁不惜笔墨、独具匠心，以118句、近600个字的叙事长诗的形式追忆建文帝，或许是他诗作的最长记录，这绝非偶然。在《岳武穆》中有“欲向黄龙迎二圣，天下义师争相应”之句。在叙事长诗《花木兰歌》中有“天地为色变，风云为盘桓，鸟兽为悲鸣，河水咽前滩，爷娘与弟妹，能不摧心肝”之句，含沙射影地描写康乾盛世。在这些诗词中，孙髯翁借用“抗击金兵”“抵御外辱”的典故，多次凸显其灵魂深处的以明朝为正统的思想根基，这明显受到当时下层普通知识分子反清复明思想的影响。联想到抗日战争时期，在日本占领的沦陷区，许多仁人志士在日本侵略者白色恐怖的高压下，仍然利用直接或隐晦的特殊方式方法进行抗争，譬如，上演《岳飞抗金兵》《梁红玉抗金》《花木兰从军》等戏剧，这与孙髯翁的方法如出一辙，何其相似！

# 谋划治理盘龙江

乾隆年间，昆明府连续发大水，洪灾泛滥，民不聊生。孙髯翁一介布衣，却关心民众的疾苦，撰写《拟输捐直省条丁缓征逋欠谢表》，直书民众苦难。他风餐露宿历尽千辛，徒步全程考察昆明盘龙江，苦心孤诣撰写了《盘龙江水利图说》一书，积极为治理盘龙江水系出谋划策。

# 昆明盘龙江

昆明是云南红土高原最大的坝子。长虫山从东北方向蜿蜒而来，城内有五华山、螺山，山侧有翠湖。东有鹦鹉山，西有太华山、聚仙山，南有万德山，北有商山，东北有龙泉山，西南有碧鸡山。

昆明建城始于唐朝永泰元年（765 年），由大理南诏建立，由于昆明位于大理之东面，故名“拓东城”。元朝初期，赛典赤将昆明定为云南行省治所（省会），后经600 余年的兴建，至明朝洪武年间（1382 年）就已经初具规模，这个格局一直延续至清朝、民国时期。从空中俯瞰，昆明城仿佛是一个具有灵性的神龟静静地躺在昆明坝子中央。据说，明朝时期镇守云南的沐英在著名风水大师汪湛海的指导之下，把老昆明城规划建设成了一个灵龟的形状：大南门（今近日公园）是龟头，城门左右分

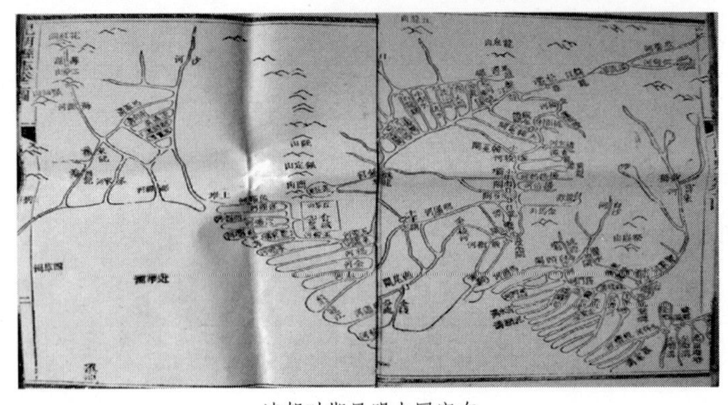

清朝时期昆明水网密布

昆明曾经是中国西部的"威尼斯"

别设有钟楼和鼓楼；北门是龟尾，大东门、小东门、大西门、小西门分别是神龟的四只脚，盘龙江从东侧流淌滋养着这支硕大的神龟。昆明城北依长虫山，南临滇池，形成龟蛇相交、气脉相连、山水交融、静中有动、动中有静之态，使得昆明城成为一个蕴藏着龟蛇精气、山水灵动、万物合一、氛围祥和的一大福地。

昆明坝子土地肥沃、气候温和、水源充沛、水网密布，大小河流数十条，主要河流有盘龙江、金汁河、宝象河、海源河、马料河、落龙河、捞鱼河等注入滇池。

明朝崇祯十一年（1638 年），徐霞客《游太华寺山记》载："出省城，西南二里下舟，两岸平畴夹水。十里田尽，萑苇满泽，舟行深绿间，不复知为滇池巨流，是为草海。"他描述当时的草海"南连于滇池，北抵于黄土坡，西濒赤鼻山（今普坪村、车家壁一带），东抵会城（今小西门一带）。"可见当时滇池水面之宽阔。

恬静的盘龙江

盘龙江古时又称“云津堤”（至今，得胜桥西还有云津市场），当时大理国国王段素命人在沿江堤上栽种了大量的素馨花。素馨花，又名素英、耶悉茗花、野悉蜜、玉芙蓉、素馨针。春暖时节，素馨花雪白如银、芳香馥馥，当花瓣凋谢散落江面，犹如银波荡漾，所以又称“银棱河”。

盘龙江全长二百四十余里，蜿蜒贯穿昆明南北。盘龙江发源于昆明东北部嵩明县的梁王山麓，由邵甸河（今甸尾河）、牧羊河在汇流塘（今小河乡）汇合注入松华坝水库，然后向西南流动，迳城东，合银棱河，至昆明县南汇入滇池（又名昆明池）。下流折入昆阳州曰海口，即螳螂川（安宁河）上游。金棱河（今金汁河）自城东北松华坝东堤分盘龙江水，经桃园村、小坝、燕尾闸、六甲汇入滇池。宝象河自嵩明县入，向西南流经小石坝、鸳鸯沟，迳城南，亦入滇池。滇池湖水向北流经安宁州的螳螂川、禄劝县的普渡河最后归入金沙江。

为方便盘龙江两岸民众往来，历经 700 多年，至目前为止江上共计修建五十余座桥梁。其中，龙川桥、德胜桥、霖雨桥等历史最为久远。

龙川桥，位于昆明北上坝村东侧，横跨盘龙江上游，为盘龙江第一桥。龙川桥为三孔石质拱桥，中孔高 5 米，其他两孔各高 3.2 米，长 45 米、宽 10.3 米。桥北有滚龙坝，坝高河低，洪水直泄如“滚龙”，分 3 股穿桥而过，故名龙川桥。龙川桥大约建于元朝至元年间，在赛典赤修建松华坝水库及治理昆明六河时修建。其北端一孔，于清代被洪水冲塌，光绪十九年（1893 年）重新修复，至今基本完好。

德胜桥，位于昆明城区南部，始建于元朝大德元年（1297 年），故称大德桥。据孙大亨《大德桥记》所载：“巨木为阀，骊水三通，复以层宇，翼以栏循，列为九楹。其广二丈七尺，袤十丈有奇。”建桥时耗财资“工役一千有八十，铁以斤计一万一千二百，木石各十余万”。明朝

昆明盘龙江上的德胜桥

洪武二十六年（1393年）重修，改名云津桥。清朝康熙年间，平息吴三桂反叛，时清军将领赵德胜率兵首先攻占该桥，后遂改名为德胜桥，沿用至今。道光八年（1828年）重修，为石砌三孔拱桥，长27.4米、宽19.64米，中孔净跨8.6米。两边孔净跨各7.6米，桥身砌长石条，桥拱上层为长条石，下层为楔形条石结构。

霖雨桥，位于昆明城北部罗丈村北，据记载，该桥始建于明朝，清朝康熙四十九年（1710年），郡人熊兆武等人重修；嘉庆四年（1799年），云南巡抚彭龄又重修。霖雨桥为石质三孔拱桥，长36米、宽10米，高10米。造型古朴，坡度平缓，孔拱匀称。桥面两侧以较大石坡为护栏，长1.2米、宽0.7米。桥中孔南面顶端砌有石雕龙头，用以吐泄桥面下泄之水，北面则砌石雕的龙尾作对称之装饰。桥身、桥拱皆用“五面平”长方形石条砌筑，拱分两层。桥面用石大小不一，桥墩迎水一端砌成三角形，以减少水流对桥墩的冲击。

## 盘龙江水患

平时的盘龙江清澈见底，两岸绿树成荫、温柔妩媚，灌溉着昆明坝子万顷良田，河面舟楫穿梭往来，长久以来抚育着千万民众，与两岸人民的生产、生活、劳动息息相关，是昆明的“母亲河”。然而，历史上的盘龙江又是一条“害河”，每到夏季昆明坝子经常发生水患，河水常常冲决堤岸，泛滥肆虐横行，淹没农田村舍，使昆明坝子成为一片汪洋，人民苦不堪言。据史书《新纂云南通志·地理考》记载，洪水曾一度漫过昆明城墙，“冒城垣，荡民居”。可见水势之猛。给两岸的老百姓造成巨大灾难和损失。乾隆初年，昆明又遭遇罕见的大暴雨，洪灾泛滥，民不聊生。

昆明地区水系，在清朝康熙二十一年（1682 年）、二十七年（1688 年）、四十八年（1709 年）曾经开展过几次较大的兴修治理。雍正三年（1725 年），总督高其倬主修了海口及六河。雍正七年（1729 年）、雍正八年（1730 年），总督鄂尔泰、巡抚张允随、水利道戴士杰主修海口，对盘龙江等河进行疏浚，添修石岸，铲平老埂、牛舌洲、牛舌滩，并筑坝隔绝晋宁河水不使倒流，在石龙坝下另开引河。雍正十年（1732 年），修浚盘龙江、金汁河、银汁河、宝象河、海源河、马弱河、明通河、白沙河诸河，增修石岸、闸坝、桥洞，并酌定昆明六河岁修

元朝赛典赤修建的昆明海口川字闸

现代修建的昆明海口大桥

银800两，昆阳海口酌定岁修银200两，用则报销，不用则存贮，以备大修之需。昆阳海口增设水利同知一人，驻扎海口，常川巡察，遇有壅塞，不时疏通，或冲塌立即堵筑。

康熙四十六年（1707年）、乾隆四年（1739年）、乾隆六年（1741年）等年份，昆明相继发生水灾，江水大泛。如此水势，可叹万民遭飘零之苦，受破农荡产之灾，其中惨苦，言之不尽。

乾隆十三年（1748年），“久雨沸江，举凡环江之屋，倾坏者十之四五，致使老少男女，失所飘零，婴童处子，负携巷哭。”盘龙江水猛涨，漫过堤岸一二尺，黄龙庙旁的堤岸崩溃，水淹至伏魔寺戏台之上，竟将山门外石狮冲倒！昆明城内东、西、南三城门竟成汪洋泽国，官府急忙调集士兵，用大木枋堵塞城门口。太和路（现昆明北京路）、白塔路（因元代蒙古贵族信奉藏传佛教，现昆明拓东路与白塔路路口建设尼泊尔式白塔而得名，后毁于清代。）、高山铺、石桥铺等二十四铺，皆为大海，三市街撑船往来，民间房屋片瓦无存。浑浊的江面上漂浮着秸秆、树木、

盘龙江历史上发生多次泛滥

昆明龙王庙前的狮子

草席、门窗，猪、鸡、牛、羊、马牲畜及人的尸体在暴日下泛起阵阵刺鼻的腐臭！

昆明人惧怕水患，将“龙”视作风雨的化身，祈求龙的庇佑，所以昆明的许多地名都与“龙”有关。譬如，双龙桥、龙头街、龙井街、龙翔街、龙源村、玉龙

昆明盘龙江双龙桥

堆、龙泉观、白龙潭、蓝龙潭、黑龙潭、青龙寺，还有呈贡的龙街，凡大一些的村子都有龙王庙。

为降伏水怪，善良的昆明人把希望寄托于神灵，嘉庆年间，昆明地方乡绅筹集资金，在盘龙江西岸修建了一座井宿祠，并在祠中的安谰亭内放置一个铜犴，其形似牛，独角伏地，昂头视江水，栩栩如生。昆明人将铜犴亲切地称为“金牛”，故又将井宿祠称为金牛寺，而紧邻的那条街，就称为金牛街。古代认为“犴”是二十八星宿南方七宿中井宿的化身，五行属木司水事，故称井木犴。铜犴的四条腿短小粗壮，它微微张嘴，似含怒瞠视着盘龙江水，一副随时准备起立与洪水搏斗的样子。昆明地区普遍流传着一句民谚：“金牛叫三声，水淹大东门”，这个铜犴身体内部是空心的，在它的脊背前端，紧挨着脖颈的地方有一个小孔，身体下部与一口水井相连，井壁通盘龙江，遇涨水的时候，江水灌进井里，空气急速从铜犴腹中往外排，牛身就会发出嗡鸣，给老百姓报警。

铜犴的制作过程十分复杂与细致，从创意、设计、绘图，到泥塑、石膏模、腊模、沙模的打型，再到铜、锡、铅、锌等合金原料的配制，而后进行失腊整体浇铸，直到最后的精心打磨，这尊宝贵的铜雕塑，莫不凝聚了昆明能工巧匠的智慧与高超的技艺，令人叹为观止！

咸丰七年（1857 年）铜犴与安谰亭被盘龙江涨大水时冲走，同治三年（1864 年）重铸，光绪六年（1880 年），绅民建后殿，又重修安澜亭。现在坐落在南太桥畔的铜犴为同治三年（1864 年）重铸。

清朝同治十年（1871 年），圆通寺被洪水淹没，大殿之上的主尊观音菩萨倾圮，至光绪年间重修，在原来的观音菩萨座上新塑起“三身佛”：中间是清净法身毗卢遮那佛，东边是圆满报身卢舍那佛，西边是化身释迦牟尼佛，保留至今。

昆明圆通寺大殿

## 徒步考察盘龙江

孙髯翁平时曾熟读《禹贡》《水经注》《桑经》等治水经典著作，为解决盘龙江水患，结合昆明的水情，他再次昼夜悉心研读。

昆明盘龙江巡津桥

昆明遭受水灾，眼看老百姓缴不起钱粮赋税，云南省府担心民众借此闹事朝廷怪罪。于是，一方面，先后多次派人到邻省的四川、广西买粮赈灾。一方面，写奏章上报朝廷，要求“缓征逋欠，以苏民困”。得到朝廷恩准后，照例省府要写个谢表感谢朝廷，然而文案幕僚写的几份稿子省府都不满意，于是便派人请来孙髯翁代笔草拟奏折，孙髯翁写下著名的《输捐直省条丁缓征逋欠谢表》：

人苦有丁为累，郑侠图上，空绘流离；贾谊疏中，长闻太息。诗人九日豪情，懒对黄花；婺妇泰山爱子，甘殉猛虎。新丝卖尽，何殊剜肉以疗疮；敝裤典完，不啻抓沙而抵水……不过三川六诏，宁知火种刀耕，未经百粤五溪，讵晓蛛寒蜓冷。

在文中孙髯翁直陈受灾民众之痛苦：“新丝卖尽，何殊剜肉以疗疮；敝裤典完，不啻抓沙而抵水。”谢表陈述了水患给老百姓带来的切肤之痛，同时有力地鞭笞了官府救灾不力的恶果。

《输捐直省条丁缓征逋欠谢表》一文被师范收录于其编纂的《滇系》一书中。

昆明遭受特大洪灾，孙髯翁心急如焚，他认为除了购粮救济灾民外，尽快治理盘龙江才是从根本上解决昆明坝子水患、发展经济的大计。孙髯翁决心独自一人徒步考察盘龙江全程，寻找解决水患的方略。

途中孙髯翁去昆明北郊的马耳山，他要去拜谒赛典赤的陵墓。

赛典赤是他心中的偶像。

孙髯翁是个清高孤傲、桀骜不驯的人，他最敬重的赛典赤何许人也?

赛典赤，全名赛典赤·瞻思丁（1210—1279年），一名乌马儿，出生于中亚布哈拉（今属乌兹别克斯坦），信奉伊斯兰教。据说他的三十一世先祖是伊斯兰教先知穆罕默德。赛典赤是贵族的姓氏，意为“荣耀的圣裔”，瞻思丁是名，其意为“宗教的太阳”。公元1220年，成吉思汗西征时，赛典赤·瞻思丁随其族人归顺元军，并随蒙古军驰骋征战屡建战功。至元十一年（1274年），忽必烈决定在云南实行行省制，云南成为全国的十一个行省之一，并任命赛典赤·瞻思丁为“云南行中书省平章政事”（相当于省长）管理云南。

赛典赤·瞻思丁赴云南到任之后，励精图治，除弊兴利，特别是针对昆明时常发生水患的情势，他采取疏导方针，疏浚河道、建坝修渠。为了调控盘龙江的水量，选择在松华山口凤岭与莲峰山之间最窄处，修建了土木结构的松华闸（今昆明北郊松华坝水库），将盘龙江水分流至金汁河，并修建了宝象河、马料河、海源河、银汁河，减少了昆明地区的水患灾害。后来孙髯翁作《盘龙江水利图说》大部分便是借鉴与采用了赛典赤治水的思路与经验。

孙髯翁背负起行囊，以贫弱之身，穷岁月之跋涉，从盘龙江的源头嵩明州邵甸（今嵩明县白邑乡）至滇池入海口徒步考察水情。他的足迹踏遍昆明坝子的盘龙江、金汁河、银汁河、宝象河、马料河和海源河等六条河。“披《禹贡》《桑经》《郦注》之书”，学习借鉴前人治理水患的经验，从中总结成败得失，然后根据自己实地调查所掌握的情况，苦心孤诣写成《盘龙江水利图说》一书。他要完成自己的誓愿，要实现治水大计，只有这样才能对得起第二故乡的民众。

正如林（松）玉田在《孙颐庵盘龙江水利图说后跋》中所说：“（孙髯翁）博通古今，诗赋名家，以不求闻达，布衣终老，品诚高矣。然未尝不念斯民之利病焉，故于诗赋艺文之外，著有《盘龙江水利图说》一册……自源至委，防利之所在，害之所积，言之最详，及疏之何方，导之何术，亦糜不筹之最当。谁谓无志功名者，即无心世故哉！”

据云南省档案局馆藏清朝陈荣昌《昆明县志》记载，在《盘龙江水利图说》开篇中，孙髯翁准确无误地指明盘龙江“纡曲迂逦，经松华，渡云津，迳双龙，过南坝，遂南注而入滇池”。盘龙江“领六河重地，灌畎亩、通舟楫，固西南诸村落要津也”。他分析造成盘龙江水患的根本原因在于盘龙江以前“一源十尾（分流），故势分而患少，今废其二，唯存八尾，迷失二尾，河渐浅而尾又差，此水患渐急之源也，又况诸支河将达昆（滇）池二三里处悉皆浅隘，咸至水锁为患”。

在书中他阐发了整治盘龙江的设想和方略：所谓盘江水患，主要是指大东门以下江段，应组织发动当地百姓分段包干整修江道，“疏壅畅流”，应规定必须“深凿三尺”，如不能按照施工标准完成任务者，应责令其返工，必要时给予处罚；同时建议官府建立岁修制度，长期坚持不懈务求实效；他还认识到，要想根治盘江水患，必须标本兼治、多管齐下。其中“分势防溢”不可不行，主要措施包括在六河等盘江支流之间“疏沟造闸、挖宽河身、扩大涵洞、培护堤岸”以及修复古河道等，以使“环城一水，七脉分流”，有效地减弱盘江水势，使其顺从人意，化害为利。针对某些地方当地有些人为一己私利而擅自堵坝蓄水的现象，他提出必须制订有关定规，“闭引水为害”。为严防堤坝倾圮淤塞江面，他建议尽快修挖龙须河及兰花沟等河道，借以分流，防患于未然。

孙髯翁在《拟盘江水利图说》一书，提出了治理盘龙江的五条具体措施。一是“疏壅畅流”，二是“分势防隘”，三是“闭石引水为害”，四是“改一水锁群流”，五是“因时得所”。孙髯翁认为，根治盘江水患，与六河等盘江支流密切相关，必须“改一水，锁群流”，通过引堤筑坝、挖沟开渠等手段，有效控制六河流量，以减轻盘江压力，避免造成水患。

孙髯翁一面主张大力整治盘龙江，一面又竭力提醒督府考虑老百姓的切身利益，“兴工宜水涸，民力宜农隙”。也就是说，施工最好在盘龙江枯水季节和农闲时间进行，既容易施工又不耽误农时，正所谓“因时得所”。

明朝云南的地方官王骥、黄衷等人曾经议论过引金沙江之水入滇中地区之事，清朝汪文盛、冯甦等人还派人前去考察，只是山高水险、无功而返。据民间流传，壮年孙髯翁曾经溯流而上考察金沙江，提出“引金济滇”宏伟设想，并写有长诗《金沙江》：

劈开蕃城斧无痕，流出犁牛向丽奔。
一线中分天作堑，两山夹斗石为门。
波摇日月苍藤细，沙走雷霆白昼昏。
倒峡翻浪自今古，更从何处觅江源。

孙髯翁远大的抱负，“先天下之忧而忧，后天下之乐而乐”的亲民情怀跃然纸上。

昆明盘龙江

# 昆明大观楼今昔

康熙二十九年（1690年）开始筹建大观楼，五年后，康熙三十五年（1696年），始建一幢二层楼房的大观楼，1940年，在大观楼前水池中竖立三个白石墩，仿杭州西湖“三潭印月”之景。现在的大观楼公园，游人如织，摩肩接踵，国内外游客亦纷至沓来，人们在劳作之余尽情享受这人间天堂美景，品读赏析大观楼长联。

## 昔日大观楼

大观楼位于昆明城西两千米的滇池畔。元朝以前这里是一片水乡泽国，《云南通志·地理志》："滇池为南中巨浸，周广五百余里。"

及至元朝初期，打开堵塞滇池水流的海口，滇池水位下降，现在的大观楼一带才逐渐显露出一块地面，形成一个四面环水的小岛。因此地与太华山（昆明人俗称西山）隔滇池遥遥相对，故称近华浦。

据李元阳《万历云南通志》记载，明太祖洪武十五年（1382 年），明朝平定云南，朱元璋派遣义子沐英镇守云南。沐英经常在滇池训练水师，并在滇池边上的近华

昆明大观楼公园

浦北面开辟过花园。到了明朝中期，以沐氏的莲池“水云乡”为中心的地带被称为“西湖”（又名“积波池”“草海子”“青草湖”），成为游览胜地。

清康熙二十一年（1682 年），湖北籍和尚乾印在近华浦“结茅庵一椽”，说《妙法莲花经》，听者如帜，善男信女募化将茅庵修为观音阁，可谓大观楼之前身。此地依芦柳伴水鸟，湖光山色十分动人，此后游客逐渐增多，便成了昆明城郊名胜之地。

康熙二十年（1681 年）辛酉十一月，康熙皇帝命贝子彰泰、勇略将军赵良栋等率军入云南，趁夜猛攻大德桥（清军进入昆明，取得平藩胜利，故改名得胜桥），进入昆明。吴三桂之子吴世璠自杀，三藩之乱彻底平定。清王朝粉碎了吴三桂叛乱集团之后，云南出现了相对安定、繁荣境况，为粉饰太平盛世景象，康熙二十九年（1690 年）开始筹建大观楼，五年后，康熙三十五年（1696 年），云南巡抚王继文命人挖凿池沼，添筑外堤，栽种名花垂柳，修建涌月亭、澄碧堂、华严阁、催耕馆、观稼堂等楼台亭阁，并

昆明大观楼内观音寺华严阁遗址

在这里始建一幢二层楼房的大观楼，比建于1880年的岳阳楼早184年。

此楼阁，楠木结构，飞檐翘角、比例匀称，装饰典雅不俗丽，临水也不过咫尺，望山水入于呼吸。登楼可观远山出水，云飞青天；白天滇池千帆齐举，映于金鳞波中；夜晚明月游于湖山之上，渔火点点蔚为大观，所以命名大观楼。

王继文亲自题有“大观楼”匾额和一副楹联：

天镜平涵，快千顷碧中，浅浅深深，画图得农桑景象；

云屏常峙，看万峰青处，浓浓淡淡，回环此楼阁规模。

王继文于康熙二十八年（1689年）为第八任云南巡抚，康熙三十三年（1694年）升云贵总督。据说，王继文喜欢附庸风雅，但其书法却是平庸一般，不能登大雅之堂。因此但凡他的书法、题词都是其幕僚阚祯兆代笔，大观楼的匾额和楹联其实是出自阚氏之手笔。

清道光八年（1828年），云南按察使翟觐光重修大观楼，将原来的二层增建为三层。

咸丰五年（1855年），咸丰皇帝询问滇池形势，兵部侍郎何彤云“历陈大观情形”，咸丰皇帝欣然命笔御书“拔浪千层”匾额赐大观楼。公元1857年大观楼毁于战火，同治三年（1864 年）开始复修，直至同治五年（1866 年）春落成，就是现在的大观楼。

大观楼建成以后，许多文人雅士常登临赋诗。

王文治《秋日泛舟近华浦，送孙象山秀才归贵阳》：

太华俯晴湖，揽缀斯其最。
渟泓万顷玉，远浸参天黛。

王文治《九月十三日同张寿雪登近华浦》：

邛棘风烟外，凭栏胜概分。
昆池千顷玉，太华一峰云。
鸥泛偕新侣，鷞行有旧情。
神京何处望，秋色浩无垠。

王翰《重阳后再泛滇池》：

昨宵有约驾仙舟，风雨俄然一旦收。
歌曲遥从天上落，人家宛在水中浮。
荇香带撸摇黄叶，晴日穿莎晒白鸥。
为爱湖光观不尽，故迟明月醉芳舟。

刘永安《泛舟游近华浦登大观楼》：

小艇通幽浦，登楼望海隅。
水光平逾阁，山色淡疑无。
大地微云合，层城夕照孤。
迷离村树渺，何处是燕都。

马毓林《初秋同李隰皋表弟游近华浦登大观楼远眺》：

绿杨阴里系扁舟，结伴凭临百尺楼。
摆桠青苍通远浦，峰峦浓淡接新秋。
千年往事旌旗歇，终古寒潮日夜浮。
宦海茫茫何处济，天涯回望只生愁。

大观楼放歌台有一副楹联：

兴至欲呼金马走，爽来思唤碧鸡鸣。

催耕馆有一副楹联：

云水光涵清吏驾，稻花香慰老农心。

大观楼催耕馆后面即是怀古廊，有一副追思元朝赛典赤主政云南时期功绩的楹联：

望祭曾传王给谏，治功追慕赛平章。

昆明大观楼

从清末云南著名画家杨应选所绘制的扇面《滇池大观图》看，大观楼周际山水空蒙，碧波四环，绿树簇拥。芳岛之南三层高楼在绿茵之中涌出。岛北建有平房，西环以廊。东筑有墙，间有小亭。整体建筑布局略呈长方形。

早年大观楼大门为一飞檐翘角、琉璃黄瓦的亭阁，门头中嵌大理石，书刻“近华浦”三个金字，门侧有清朝同治提督马如龙所撰“曾经沧海难为水，欲上高楼且泊舟”的对联。民国初年，大观楼辟为公园，唐继尧曾拨款修葺。1930年，时任昆明市长的庾恩锡仿杭州西湖“三潭印月”之景，“增一榭如秋月平湖”，将状元楼外三个白石墩移到大观楼前的湖中，形成“三潭印月”之景，“月光映潭，影色分三”，为大观楼增添无限情趣。大观楼正前面两侧悬挂孙髯翁大观楼长联，背面则有清朝岭南诗人宋湘所题“千秋怀抱三杯酒，万里云山一水楼”的对联。刘难方与葛景龙两人高度评价宋湘，认为其将孙髯翁180字长联浓缩在14字中。宋湘（1757—1826年），字焕襄，号芷庵，广东梅县人。嘉庆四年（1799年）中进士，十八年（1813年）其任曲靖、顺宁、保山等地知府，留滇

13年。著有《红杏山房集》《不易斋集》《燕台滇蹄》《丰湖漫笔》等。《清史稿·列传》:“粤诗推湘为巨擘。”1814年到昆明游滇池，登大观楼，作有诗、联。在《题昆明大观楼壁诗》中，其中四句为:

此水自从闻汉帝，昔人谁实见滇池?
碧鸡金马今黄土，段诏蒙酋古覆棋。

孙髯翁昆明大观楼长联问世已300余年，其影响可谓波远泽长。昆明大观楼因孙髯翁作天下第一长联，使大观楼蜚声宇内，成为与湖南岳阳楼、湖北黄鹤楼及江西滕王阁齐名的中国四大名楼之一。孙髯翁的贡献正如范仲淹《岳阳楼记》、崔颖《黄鹤楼》、王勃《滕王阁序》一样，为后世留下了宝贵的文化遗产，大观楼成为昆明乃至云南省文化旅游的一张驰名名片。周恩来总理、董必武副主席、陈毅元帅等国家领导人及英国女王伊丽莎白二世曾游览过昆明大观楼公园。

## 今日大观楼公园

现在的大观楼公园，大致分为三个游览景区：近华浦、大观楼片；楼外楼、鲁园片；庾园、花圃及柏园片。近年来又兴建了九夏芙蓉广场、翠羽丹霞广场，可举办各种大型娱乐活动。园内碧水荡漾，岸边柳丝飘逸，池内荷花姹

昆明大观楼

紫嫣红，每到节假日园内游人如织、摩肩接踵，国内外游客亦纷至沓来，仅 2017 年就接待中外游客 225 万人，人们在劳作之余尽情享受这人间天堂美景，品读赏析大观楼长联。

# 孙髯翁作大观楼长联

乾隆二十一年（1756年）仲夏，孙髯翁、李因培、孙鹏、唐药洲、杨永芳、施炯、徐敏等相约在大观楼聚会，举行楹联赛会，孙髯翁在昆明大观楼即兴作一百八十字长联，被誉为天下第一长联，名噪一时，堪称千古绝唱，好评如潮，闻名遐迩流传至今。曾受到毛泽东、邓小平与古今中外名士高度评价。

## 大观楼楹联赛会

孙髯翁先生久居昆明，多次游览大观楼，曾经作诗描写大观楼景，现存两首：

### 大观楼

月光泼作海门潮，屋涌椒兰水可掬。
半夜神灯波上走，三春画桨镜中摇。
笔床茶灶宜青草，酒市溪村接板桥。
听唱竹枝来小涿，醉看塔影忽双漂。

### 谢方伯钱公粮宪钱公

华浦临西廓，沙村枕鹭田。
方舟载霖雨，命驾及春喧。
鼓吹饶歌曲，青山绿水筵。
昆池三百里，一望尽神仙。

仙掌云山中，烟波压画垣。
法王新梵宇，黔国旧名园。
卷幔来春色，登楼见海门。
沧浪书屋外，旭日满江村。

白日登楼望，云开万里天。

曾为严武客，共说贾生贤。

善□连三月，幽栖近十年。

筹边空有策，未达丈人前。

* 此诗原文缺一字，见石玉顺：《大观楼》，文物出版社2017年版。

乾隆二十一年（1756年）仲夏，孙髯翁、李因培、钱昆浦、孙大令、唐药洲、杨梦舫、施竹田、孙鹏、唐文灼、杨永芳、施烔、徐敏等人相约在大观楼聚会，举行楹联赛会。他们都是当时风流名士，经常在一起互相酬唱以文会友。此时孙髯翁已经是71岁的古稀之人。

李因培（1717—1767年），字其材，号鹤峰，晋宁锦川里（今上蒜乡下石美村）人，在云南是个名噪一时的人物。乾隆三年（1738年）参加乡试，中举人，因家贫无力上京应试。过了七年后，得友人资助，入京考中进士，授翰林学士。李因培博学多才，尤精文史，为官清廉，颇得民心。

钱昆浦曾经在朝中担任过兵部侍郎、司马。按《周礼》的规定为朝廷六官之一，有夏官司马，掌军事、军需等事。以后便称兵部尚书为“大司马”，而兵部侍郎则称“少司马”。所以一众朋友都称其少司马。

可以试想还原一下当时孙髯翁作长联的情景：

孙髯翁等人乘船，划过一池荷花来到大观楼前。众位墨客骚人相互谦让来到二楼坐定，只见桌上摆满了呈贡的宝珠梨、滇池的菱角、弥勒的葡萄、临安的石榴、广南的花生、漾濞的核桃和几罐杨林肥酒。酒过三巡，孙髯翁徐徐起身离座，迎着夏日的微风，缓缓向窗口走去，凝视远处的山峦、近处的水面，顷刻又缓缓转过身来，低颔、闭目、捋须，微微摇动纸扇，默默运筹酝酿。孙髯翁表面平静，心中却感慨万端，他气沉丹田、挺直身板、双目直视，将手中纸扇一合，一声响亮吟出上联：

五百里滇池奔来眼底披襟岸帻喜茫茫空阔无边看东骧神骏西翥灵仪北走蜿蜒南翔缟素高人韵士何妨选胜登临趁蟹屿螺洲梳裹就风鬟雾鬓更萍天苇地点缀些翠羽丹霞莫孤负四围香稻万顷晴沙九夏芙蓉三春杨柳。

上联用现代白话文来说就是：彩云之南，浩瀚的五百里滇池奔涌在我的眼前，敞开衣襟、推开冠戴，这宽阔无边浩渺的碧波，多么令人心旷神怡啊！请看：金马山似神

昆明大观楼

马自东方奔驰而来，碧鸡山像神奇的凤凰在西边的天空中飞舞，长蛇山如灵蛇自东北面蜿蜒伸展，对面南端的鹤山如白鹤在祥云中自由翱翔。墨客骚人啊，何不趁此秋日良辰登上大观楼，极目远眺那螃蟹似的小岛，螺蛳般的沙洲；薄雾中的绿树垂柳像少女梳理秀发一般摇曳；还有那漫天的萋萋水草，遍地的芦苇，以及点缀其间的翠绿的小鸟和一抹灿烂的红霞。尽情观赏吧！切莫辜负了滇池四周飘香的金色稻谷，明媚阳光下的万顷沙滩，夏日婀娜的莲荷，春天依依的杨柳。

孙髯翁触景生情、铿锵有力、昂扬顿挫、流畅婉转、若吟若唱、一气呵成，把昆明东方的金马山比喻为神马奔驰，西边的碧鸡山像凤凰飞舞，北面的蛇山如灵蛇蜿蜒，南端的鹤山如白鹤翱翔，将昆明四周的山脉与景致写得如此潇洒，真是独具匠心！将一幅昆明风情的诗情画卷活脱脱跃然席间。

孙髯翁举杯饮尽，放下酒盅，略微运气，抖擞精神，又吟出下联：

数千年往事注到心头把酒凌虚叹滚滚英雄谁在想汉习楼船唐标铁柱宋挥玉斧元跨革囊伟烈丰功费尽移山心力尽珠帘画栋卷不及暮雨朝云便断碣残碑都付与苍烟落照只赢得几杵疏钟半江渔火两行秋雁一枕清霜。

下联用现代白话文来说就是：回首数千年的往事，涌上我的心头，举起酒杯，仰对长空感叹，那些历史长河中诸多的英雄，而今还有谁在呢？试想：汉武帝为了开辟西南到印度的通道，在长安挖凿昆明湖操练水军；唐中宗派唐九功率兵收复洱海地区，立铁柱以记功；宋太祖手挥玉斧，面对版图，将西南划在界外，实为憾事；元世祖忽必烈率大军跨革囊及木筏强渡天险金沙江，统一了云南。这些伟业丰功，真是费尽了移山的心力啊！但是朝代更替之快，有如傍晚的细雨、清晨的薄云一般的短暂，连幕帘都来不及卷起就很快地消散了；就连那宏伟高大的纪功碑石，也变成了残碑断碣，倾颓在黄昏夕阳的暮霭之中。到头来，只留下几声稀疏的钟声，半江暗淡的渔火，两行孤寂的秋雁，一枕清冷的寒霜。

孙髯翁以自己的才学与经历，撰写了脍炙人口的大观楼长联，深情地赞美昆明风情，而对封建王朝却冷眼相视，精准地解读历史，借景抒情，抒发了内心的情感，蕴含深邃。

著名文人赵藩

大观楼长联原由昆明名士陆树堂用行书体书写、徐敏捐资刊刻挂在大观楼前，今大观楼二楼尚存陆书摹刻。咸丰七年（1857 年），长联不幸与大观楼一起毁于战火。同治五年（1866 年），马如龙重修大观楼，岑毓英升任云贵总督后，于光绪十四年（1888 年），请著名文人赵藩（字介庵，云南剑川人）工笔楷书，刊刻木制长联挂在楼前，这便是现在的“岑制长联”。长约一丈五尺，宽约二尺，为覆瓦状，上下支各九十字，每支直书两行半，蓝底金字，工整严谨，内刚劲而外圆润，颇具功力。“岑联”除将“辜”字改为“孤”字之外，其余均为孙髯翁旧句。

## 对大观楼长联的评价

大观楼长联自写成并刊刻悬挂后，当即轰动全国儒林，一时广为传诵，海内外好评如潮。当时文人吴仰之在诗中评价说：“铁板铜琶镗鞑声，髯翁才气剧纵横。楼头一百八十字，黄鹤题留万古名。”清朝嘉庆年间昆明诗人谢琼在其《大观楼题壁》诗中写道：“凭栏披满大王风，气象全收入座中。西去水声奔万马，北来山势卧长虹。楼台一带开烟雨，烽火千年冷启蒙。几段酒酣难落笔，上头题句有髯翁。”对孙髯翁所作长联推崇备至。

毛泽东生前十分喜爱大观楼长联。他在一本清版的《楹联丛话》中读到孙髯翁的长联，加了圈点。在下联中的“叹滚滚英雄谁在”，“伟烈丰功，费尽移山心力”两句的每一个字旁都画圈。在“尽珠帘画栋，卷不及暮雨朝云，便断碣残碑，都付与苍烟落照。只赢得几杵疏钟，半江渔火，两行秋雁，一枕清霜”这些句子旁一概画上曲线，每一句都画上密圈。

毛泽东在批阅《楹联丛话》上述清版的时候，在批阅1935年商务印书馆出版的平装本的时候，都对孙髯翁原作和阮元改作进行了仔细的对照，作了标记，画了圈，特别是在商务版中提出了严格的批评："死对，点金成铁！"

他在批阅《两般秋雨庵随笔》一书所载大观楼长联的时候，又批道，"此阮元改笔，非尽原文"。从这三本书来看，毛泽东批阅这首长联至少三次。

一次中央开会，毛泽东对云南一位负责人专门谈起，说你们那里是"四围香稻，万顷晴沙"，有"九夏芙蓉，三春杨柳。"1958年3月，毛泽东到成都参加中央工作会议，看到了辑录在《楹联丛话》里的大观楼长联，借来三种该书版本对照阅读，并圈点批注。《楹联丛话》说："胜地壮观，必有长联始称，然不过二三十余字而止。惟云南省城附郭大观楼，一楹贴多至一百七十余言，传颂海内。"毛泽东旁批："一百八十字"。该书评长联："虽一纵一横，其气足以举之，究未免冗长之讥也。"毛泽东旁批："从古来看，别创一格，此评不确。"大观楼长联获毛泽东此评，的确当之无愧。毛泽东在撰写《沁园春·雪》中，就曾借鉴了孙髯翁大观楼长联情景交融的写法。

邓林在《我爱我的父亲》一文中披露，邓小平同志生前也非常喜爱此联。

1959年10月，董必武曾作《游昆明大观楼》一诗：

昆明大观楼，一揽湖山胜。
髯翁长联语，今古情怀磬。
昔日说大观，达官贵人兴。
今日说大观，才具人民性。
碧鸡林木茂，金马亦苍劲。
眺望神不疲，清幽境开咏。
巨浸森茫茫，风帆南北运。
秋空雁题字，秋水鱼群趁。
荇藻交纵横，秋波鸥相竞。
海埂辟公园，士女乐游泳。
宇宙未为隘，气感天地正。
游人发浩歌，建设增干劲。

陈毅于1963年12月泛舟滇池，曾作《船舱壁间悬孙髯翁大观楼长联读后喜赋》一诗：

滇池眼中五百里，联想人类数千年。
腐朽制度终崩溃，新兴阶级势如磐。
诗人穷死非不幸，迄今长联是预言。

1961年，郭沫若先生来游，题下《登楼即事》一诗：

果然一大观，山水唤凭栏。
睡佛云中卧，滇池海样宽。

长联犹在壁，巨笔信如椽。
我亦披襟久，雄心溢两间。

加拿大哥伦比亚大学教授华裔学者叶嘉莹女士，亦高度赞扬大观楼长联：

眼低茫茫烟水宽，
披襟高处共凭栏。
长联一百八十字，
足配名楼号大观。

董必武、陈毅、郭沫若等人对大观楼长联都给予高度评价，足见此联影响之巨大深远。后世人纷纷仿效，产生了不少佳作。如窦（字兰泉，云南罗平人）题岳阳楼楹联，长达一百字，“跌宕纵横，情景逼真，不能移植他处，直诸名家集中，亦臻上品”。云南大理白族赵藩在成都武侯祠题联：“能攻心则反侧自消自古知兵非好战；不审时即宽严皆误后来治蜀要深思。”正如当代联家余德泉一副对联写道：“滇池百里，孙髯翁千秋。”

大观楼长联不仅在楹联史上享有崇高地位，在整个中国文学史上亦占有重要的一席之地。

# 大观楼长联的艺术性

孙髯翁所作大观楼长联，在我国长联创作历史上具有开创性与高超的艺术性。作者触景生情，情景交融，似一篇游滇池之优美散文，又是一篇读云南史有感而发之洗练随笔。大观楼长联气势雄伟，如银瓶泻水一气呵成，有景、有情、有声、有色的骈文。“凡一百八十字，浑评灏流转，化去雄垛之迹，实为仅见。”诵之朗朗上口，滔滔不绝。

## 诵听观讲齐备

明朝诗人谢榛说：“诵之如行云流水（顺畅舒扬），呼之金声玉振（音调铿锵），观之明霞散绮（文辞藻丽），讲之独茧抽丝（条理贯通），此诗家四关，使一关未过，则非佳句矣。”对联为“诗中之诗”，句句要对。

孙髯翁大观楼长联气势雄伟，如银瓶泻水一气呵成，发上下两支，有景、有情、有声、有色的骈文。“凡一百八十字，浑评灏流转，化去雄垛之迹，实为仅见。”诵之朗朗上口，滔滔不绝。

## 主题明确，思想真实

作者触景生情，情景交融，似一篇游滇池之优美散文，推介了昆明之美丽景色；又是一篇读云南史有感而发之洗练随笔。上支突出“喜”字，喜溢四方。下支突出“叹”字，起承转合，更见其深厚功力。

## 结构条理分明

上下支同一，起句各九字，分别由“五”“数”字始，丝丝入扣，珠落银盘，承由“披”与“把”两字引出景物，转则用“看”与“想”来拓开境界，上下纵横，心目合一。合用“莫孤负”“只赢得”各三字作结。犹如撞钟，余音绕梁，回味无穷。且首尾贯通，上下呼应，脉络清晰。观之则有丰缛文采，斑斓满目；听之则声律和谐，玲玲如振玉，不绝于耳。

## 格律对仗严谨

楹联格律分为平仄与对仗两方面。长联不易工，但孙氏创作时严守平仄协调、对仗工稳的要求，这也使联句艺术性更加高。刘东云就曾指出，楹联各层次末句尾字平仄排布形式为“仄平平仄”或“平仄仄平”，各层次内、各句子尾字平仄排布的形式为：“仄平平仄”或“平仄仄平”，这即是传统声律马蹄韵（律）的规则。如“东骧神骏，西翥灵仪，北走蜿蜒，南翔缟素”对“汉习楼船，唐标铁柱，宋挥玉斧，元跨革囊”。这两句的句脚声律为“仄平平仄”对“平仄仄平”。孙髯翁有意识地让平仄声相对，在联语中交替使用。目的是为了使声调有规则的多样化而不至于单调，能造成铿锵悦耳、回环起伏的旋律，收到音乐美的艺术效果。这种平仄安排形式，拿马蹄韵规则的总结者余德泉教授的话来说，就属于马蹄韵段合式。

五百里滇池（平）奔来眼底（仄）。披襟岸帻（仄），喜茫茫空阔无边（平）。看：东骧神骏（仄），西翥灵仪（平），北走蜿蜒（平），南翔缟素（仄）。高人韵士，何妨选胜登临（平）。趁蟹屿螺洲（平），梳裹就风鬟雾鬓（仄）；更苹天苇地（仄），点缀些翠羽丹霞（平）。莫孤负四围香稻（仄），万顷晴沙（平），九夏芙蓉（平）三春杨柳（仄）。

数千年往事（仄），注到心头（平）。把酒凌虚（平），叹滚滚英雄谁在（仄）。想：汉习楼船（平），唐标铁柱（仄），宋挥玉斧（仄），元跨革囊（平）。伟烈丰功（平），费尽移山心力（仄）。尽珠帘画栋（仄），卷不及暮雨朝云（平）；便断碣残碑（平），都付与苍烟落照（仄）。只赢得几杵疏钟（平），半江渔火（仄），两行秋雁（仄），一枕清霜（平）。

关于对仗，上下联在词性、结构上对仗是很工稳的。已故中国楹联学会顾问张绍诚教授在联律研究中就曾提出用“结构相应”代替“词类相同”，并举例“喜茫茫空阔无边”与“叹滚滚英雄谁在”两句中，“空阔无边”与“英雄谁在”词性虽不对仗，但两句话都属动宾结构。

孙髯翁在大观楼长联中，驾轻就熟地运用了多种多样的对偶形式：

句中自对。例如上支中，高人对韵士、蟹屿对螺洲、风鬟对雾鬓、苹天对苇地、翠羽对丹霞等都属于句中自对。

互成对。又称上下句对，或两句相对。指右边对右边，即上下支的接连两句（上下句）成对。例如《兰亭序》字为联，上支“清气若兰，虚怀当竹”就是本支自对。孙氏长联多用此手法，如汉习楼船对唐标铁柱、宋挥玉斧对元跨革囊等16句，加上8个领词，共有72字，占全联字数百分之四十。

隔句对，即复句对，又称扇对。《苕溪渔隐丛话》卷九，律诗有扇对格。第一与第三句对，第二与第四句对。唐朝人绝句亦多用此手法。“去年花下留连饮，暖日夭桃莺乱啼；今日江边容易别，淡烟衰草马频嘶”之类即是。长联脱胎于骈文，扇对占四分之一强。例如，上支：“趁蟹屿螺洲，梳裹就风鬟雾鬓；更苹天苇地，点缀些翠羽丹霞。”下支：“尽珠帘画栋，卷不及暮雨朝云；便断碣残碑，都付与苍烟落照。”

事对。事对就是把可资印证的事物并列对举。长联下支“想”字下连用“汉习楼船，唐标铁柱，宋挥玉斧，元跨革囊”四句，句句紧连，全以历史故事相对，足见孙髯翁博学多才。刘勰说：“事对为难”，要“语约而义丰”，孙髯翁在长联中完美地体现了这一手法。

反对。反对就是上下文义相反。刘长卿诗：“江客不堪频北望，塞鸿何事又南飞。”旨趣相合。长联上下支完全相反，情感不同，一喜一叹；色调不同，一暖一冷；韵律迥异，一高昂，一低沉；形状亦殊，一完整，一残缺；画面尤佳，前者实，后者虚，虚实反衬。

## 修辞精妙

凡文学作品都离不开修辞，诗词楹联莫不如此。孙髯翁在大观楼长联中精巧地运用夸张、借代、比拟、排比、层递、反语、数字对、词眼等，将修辞手法在长联中用到极致和恰到好处，令人惊叹。

夸张。长联中用天地之阔大形容萍花与芦苇的广袤。“点缀些翠羽丹霞”，美轮美奂，比之“万绿丛中一点红”，有过之而无不及的典雅。

借代。所谓借代，既是以某一个词来替代实际事物。长联中以“神骏”替代金马（山），以凤凰替代碧鸡（山），以蛇行蜿蜒替代长虫（山），以缟素替代滇池南边的白鹤（山），以神来之笔描写地理空间，使人如身临其境，流连忘返。

比拟。长联中以高度的想象力，有拟物似物，将东西南北环绕大观楼的四座关山比拟为“神骏”“凤凰”“蛇蟒”“缟素”；有拟人句：将大观楼周围的柳树，比拟为“梳裹就风鬟雾鬓”的美妙少女，栩栩如生，将景物赋予鲜活的青春生命力与动感，有与范成大诗“花边雾鬓风鬟满”异曲同工之妙。

排比。长联上支“看”字和“莫孤负”字下，各有四个字数相同的平行短句，表现东南西北四周、春夏秋冬四季；上支则用汉唐宋元四个朝代。孙髯翁在长联中对“四”的运用恰到好处，少一个则显单薄且不对称，多一个则有堆砌与冗长之嫌，排比句的使用增强了长联的节奏感与旋律美。

层递。长联层层递进深入，行云流水，自然雄奇，引人入胜。上下关系连贯，条理分明。上支由大（五百里滇池）而小，由远而近（奔来眼底），以景抒情“莫孤负……”下支由汉推演至元朝“汉习楼船，唐标铁柱，宋挥玉斧，元跨革囊”。

反语。长联中有“伟烈丰功”“移山心力”“珠帘画栋”等，但孙髯翁却用“费尽”“尽”字将前面溢美之词全部推到否定。最后峰回路转引出“便断碣残碑，都付与苍烟落照。只赢得几杵疏钟，半江渔火，两行秋雁，一枕清霜”的凄凉景象与悲愤心境。

数字对。数字对是楹联中最常用的手法，数字最能表达作者对事物或人物叙述或评述的准确性。例如宋湘：“千秋怀抱三杯酒，万里云山一水楼”，“千”字对“万”字，“三”字对“一”字。长联中有 12 个数字，占全联字数十五分之一。“识盈虚之有数”，全联虚实数结合。上支皆盈数：“四围”“万顷”“三春”“九夏”，下支则多用虚数：“几杵”“半江”“两行”“一枕”等。

词眼。词眼即诗词楹联中关键的词字。上支采用“奔流到海不复回”的“奔”字，又用“喜”字引导下文；下支用“水流东注”的“注”字。借用《木兰辞》中“惟闻女叹息”的“叹”字，转折下陈，引出全联的主题思想，可谓融会贯通前人佳句，信手拈来为我所用。

从以上剖析可以看出，孙髯翁先生颇具匠心与深厚的文学功力，大观楼长联内涵丰富，具有较高的艺术性与艺术价值。

# 大观楼长联的轶事佳话

孙髯翁创作大观楼长联之后，便有一些文人或模仿，或改动。长联问世三十六年后，云南景东人程含章，孙髯翁逝世后五十多年，第五十二任云贵总督阮元，都对孙氏长联作过改动。道光初年，僧人净乐模仿长联撰写刊刻了一副184字的新长联悬于华严楼楼前。但其境界无论词意还是胸中所函，皆与孙髯翁长联相去甚远。

## 山东巡抚程含章改长联

长联问世三十六年后，云南景东人程含章，字月川，乾隆五十七年（1792 年）举人，由知县官至山东巡抚。他是一位清官，颇有政声，著作甚丰，晚年被排挤，老归故里而终。其评价长联“才雄气猛，为海内第一杰作”，但他自认才识过人，把孙髯翁的长联改为：

五百里滇池奔来眼底，披襟岸帻，喜茫茫空阔无边。看：东骧金马，西峙碧鸡，北耸青虹，南翔白鹤。高人韵士定当击节讴歌。况栏外树色江声，随地皆诗情画意；更云开雨霁，何时不鱼跃鸢飞。登斯楼也，莫辜负：四围香稻，万顷晴沙，九夏芙蓉，三春杨柳。

数千年往事注到心头，把酒临风，叹滚滚英雄谁在？想：汉习楼船，唐标铁柱，宋挥玉斧，元跨革囊。伟烈丰功举欲同符天地。至今日离官别馆，悉化为苦草长林；并断碣残碑，都付与苍烟夕照。游于浦者，只剩得：几杵疏钟，半江渔火，一行秋雁，两岸芦花。

程含章改写的长联把“伟烈丰功费尽移山心力”。改为“伟烈丰功举欲同符天地”等，企图以此卖弄自己的文才，但他改得不伦不类，其内容及艺术性都远不及孙髯翁原联，自然也就得不到广大民众的认可，虽然新鲜了一阵，但不久就销声匿迹了。

## 云贵总督阮元改长联

孙髯翁逝世后五十多年，第五十二任云贵总督阮元，一日从曲靖视察归来，游大观楼，细读长联，命令拆掉原联，换上他改动后的新联：

五百里滇池，奔来眼底。凭栏向远，喜茫茫波浪无边。看：东骧金马，西翥碧鸡，北倚盘龙，南驯宝象。高人韵士，惜抛流水光阴。趁蟹屿螺洲，衬将起苍崖翠碧；更苹天苇地，早收回薄雾残霞。莫辜负四围香稻，万顷鸥沙，九夏芙蓉，三春杨柳。

数千年往事，注到心头，把酒凌虚，叹滚滚英雄谁在。想：汉习楼船，唐标铁柱，宋挥玉斧，元跨革囊。爨长蒙酋，费尽移山心力。尽珠帘画栋，卷不及暮雨朝云；便藓碣苔碑，都付荒烟落照。只赢得几杵疏钟，半江渔火，两行鸿雁，一片沧桑。

比较新旧对联，阮元改动的几个地方是：

上联：

披襟岸帻，喜茫茫空阔无边——凭栏向远，喜茫茫波浪无边。

看：东骧神骏、西翥灵仪、北走蜿蜒、南翔缟素——看：东骧金马、西翥碧鸡、北倚盘龙、南驯宝象。

高人韵士，何妨选胜登临——高人韵士，惜抛流水光阴。

趁蟹屿螺洲梳裹就风鬟雾鬓——趁蟹屿螺洲，衬将起苍崖翠碧；更苹天苇地，点缀些翠羽丹霞——更苹天苇地，早收回薄雾残霞。

莫孤负，四围香稻、万顷晴沙、九夏芙蓉、三春杨柳——莫辜负四围香稻，万顷鸥沙，九夏芙蓉，三春杨柳。

下联：

数千年往事，注到心头，把酒凌虚，叹滚滚英雄谁在——数千年往事，注到心头，把酒凌虚，叹滚滚英雄谁在。

想：汉习楼船，唐标铁柱，宋挥玉斧，元跨革囊——想：汉习楼船，唐标铁柱，宋挥玉虎，元跨革囊。

伟烈丰功，费尽移山心力，尽珠帘画栋，卷不及暮雨朝云——爨长蒙酋，费尽移山心力。尽珠帘画栋，卷不及暮雨朝云。

便断碣残碑，都付与苍烟落照。只赢得几杵疏钟，半江渔火，两行秋雁，一枕清霜——便藓碣苔碑，都付与荒烟落照。只赢得几杵疏钟，半江渔火，两行鸿雁，一片沧桑。

新匾一挂，群情哗然，当时民间曾经创作打油诗予以讥讽："软烟袋不通（软烟袋指阮芸台），韭菜萝卜葱。擅改古人对，笑煞孙髯翁。"（见杨琼：《滇中锁记》）阮元刚离任，孙髯翁的原作又挂出来了。这两次改动恰恰说明了民众对孙髯翁原作的喜爱。

阮元，字伯元，号芸台，又号雷塘庵主，晚号怡性老人，扬州仪征人，生于高宗乾隆二十九年甲申（1764 年），卒于宣宗道光二十九年己酉（1849 年），享寿八十六岁。

其实阮元在当时是一个有名的文人，他学识渊博，在经学、方志、金石学及诗词方面都有很高造诣，尤以音韵训诂之学为长。著书 180 余种。他曾写过两首赞黑龙潭唐梅的诗，其中之一是：

千岁梅花千尺潭，春风先到彩云南。
香吹蒙凤龟兹笛，影伴天龙石佛龛。
玉斧曾遭图外划，骊珠常向水中探。

只嗟李杜无题句，不与逋仙季迪谈。
铁石心肠宋开府，玉冰魂魄古梅花。
边功自坏鲜于手，仙树遂归南诏家。
今日太平多雨露，当年万里隔烟霞。
老龙如见三沧海，试与香林较岁华。

客观地说，阮元对孙髯翁的原作的改动虽然有失偏颇，但是至少有两个地方值得肯定。

其一，将上联中的“万顷晴沙”改为“万顷鸥沙”，“晴”与“鸥”一字之差，意境发生了重大变化：“万顷晴沙”乃为静景，而“万顷鸥沙”则是静中有动、动中有静！而且这一个“万顷鸥沙”向当今的人们记载和透露了一个重要的史实与信息，即两三百年前的昆明早就是鸥鸟的生活栖息的胜地！甚至鸟群的种类与数量都要多于当今的红嘴鸥呢。

对于治学严谨的阮元，他不会凭空生造出一个“鸥”字。其实早在元朝，宣慰使、山东临沂人张雄飞在他的《碧鸡山》一诗中就有“鱼戏莲房北，鸥鸣荻渚西”；又如，明朝时期，著有《晋宁州志》的晋宁人朱克瀛在《初春登金沙望海》一诗中有“金山春早独登台，万里昆明气象开……鹭沙鸥渚轻寒在，鹾估渔舟返照回”（鹾估：指盐商）；再如，新兴人（今玉溪）、明朝万历进士，官至礼部尚书的雷跃龙在其长诗《昆池篇》中有“野凫画鹢寂无声……彩鸥初浴青波暖”句，这个“彩鸥”即是披着霞光的“鸥”，可见古人把“鹭（鸶）”“野凫（水鸟）”与“鸥”几种不同的鸟是分得清清楚楚的。

其二，将下联中的“伟烈丰功”改为“爨长蒙酋”，爨长：指一千多年前生活在“爨地”或“爨乡”（今曲靖地区）的“爨人”，爨氏自东晋经南北朝至唐天宝七年，统治南中地区长达400余年，创造了礼乐、诗歌、习俗、典祀、服饰、饮食、医药、建筑、工艺等，爨文化是中华文化宝库中的一朵奇葩，如此繁荣昌盛的文化，后来突然消失，值得史学界深入探究。蒙酋：指南诏王异牟寻的典故。众所周知，所谓“一部南诏史，半部云南史”，南诏辉煌的历史与文化在云南乃至全国的历史长河中都占有重要的一席之地。所以“爨长蒙酋”是云南特有的地方历史文化，也是值得大书特书之事。

## 僧人净乐仿长联

无独有偶，在道光初年（1821年左右），有一个名叫净乐的僧人依靠募捐在大观楼后面又修建了一座五楹三层的华严楼，高出大观楼丈余，并亲自撰写刊刻了一副184字的新长联悬于楼前（世称净乐长联）：

叠阁凌清，彩云南现。皇图列千峰拱首，万派朝宗；金碧联辉，山河壮丽。视晴岚掩翠，晓雾含烟。升曙色于丹崖，苍松鹤泪；挂斜阳于青嶂，石厂猿啼。暂息烦襟，凝神雅旷。豁尔讴歌叶韵，风月宜人。性境幽闲，互相唱和，得意时，指点此间真面目。

层楼映水，佛日西悬。帝德容六诏皈心，百蛮顺化；昆华聚秀，宇宙清夷。听梵呗高吟，法音朗诵。笑拈花于鹫岭，理契衣传；侪立雪于少林，道徽钵受。久修净行，释念圆融。历然主伴交承，圣凡泯迹。心源妙湛，回脱根尘，忘机处，发挥这段大光明。

这副长联如果减去四个虚字“于”，它的字数和孙髯翁在大观楼撰写的长联一模一样，竟然都是180个字！

郑千山评价说：净乐长联虽然用语华丽，对仗工整，平仄精当，但其境界无论词意还是胸中所函，皆与孙髯翁长联相去甚远。随着华严阁毁于战火，净乐长联也随之湮没无闻。

孙髯翁长联，原由昆明名士陆树堂以行草书写悬挂楼前，咸丰七年（1857年），大观楼毁于兵燹，联亦无存。同治五年（1866）年，提督马如龙重修大观楼，一方胜迹，顿还旧观。现在悬挂在大观楼两侧的长联是光绪十四年（1888年），第七十任云贵总督岑毓英命住持性田和尚重新修建，特请大理剑川人氏，诗人、书家赵藩以工笔楷书刻写长联重挂楼前。岑毓英，道光九年（1829年）生于广西西林县那劳寨，因此，今天可以看到大观楼长联的落款为“西林岑毓英重立”。

## 大观楼长联的作者究竟是谁

联的作者究竟是谁？史学界曾经一番有趣的争论。赵宏逵先生提出大观楼长联的作者可能是曲靖的孙髯翁。余嘉华先生、马颖生先生、王运生先生等专家学者，根据史实的记载，经认真分析研究认为，大观楼长联确系昆明的孙髯翁所作。

## 曲靖孙髯翁

赵宏逵先生于2008年1月，提出在康熙、雍正、乾隆年间，云南同时有两个孙髯翁，一个是昆明的孙髯翁，一个是曲靖的孙髯翁。而大观楼长联的作者可能是曲靖的孙髯翁。其主要理由是：

第一，从两位髯翁的出生年代考证。

赵宏逵先生认为，昆明的孙髯翁，生卒年为公元1711—1775年，名髯，号颐庵，晚年自号蛟台老人，原籍陕西三原。

曲靖的孙髯翁，生于康熙五年（1666年），卒于乾隆十四年（1749年），享年83岁，名璠，字蕴石，号耕坞，晚年自号鹤髯老人，亦称髯翁，原籍江苏新安。本人著作有《鹤髯老人草册》《梅花百咏》《红叶楼记》《澹一斋印谱》等。

第二，关于长联问世的时间考证。

康熙二十九年（1690年）始筹建大观楼。

根据不少资料及有关书籍，称"大观楼长联自清康熙年间问世以来"，或"清初撰大观楼长联"，或"长联为清康熙年间贫寒诗人孙髯翁所作"等等。

如果说大观楼长联是清康熙年间问世的，那么生于康熙五十年（1711年）的昆明的孙髯翁，也许还没有出生，或者还只是一个孩童。

而曲靖的孙髯翁，则是一个“历览名山大川，性爱山水，不与俗伍，每出一句，拟予典坟”的人。又恰恰在这期间“康熙三十二年（1693年）随郑国谌由滇入蜀，丙子年（康熙三十五年）辞归”，后闻大观楼建成，即由曲靖到昆明游览。是时曲靖的孙髯翁已是年约四十左右，由他来一扫俗唱，写出这首“不与俗伍”的长联来，这是合乎历史事实的。

至于有人说长联是清乾隆初年问世的，这可以说是没有历史依据的，也是不合情理的，不过是一种牵强附会之谈而已。即便是乾隆元年问世的，而这时昆明的孙髯翁不过30多岁的人，又怎么能称“髯翁”呢？据说，因为他一出世“嘴角就长着小胡子”，故名“髯”。不过“髯”与“翁”二者是不能划等号的，因为有“髯”者，不一定皆是“翁”。何况我国自古就有“50称叟，60称翁，70耋年，80耄寿”的称谓，恐怕对谁也不能例外。

第三，《滇系》为何没记长联？

《滇系》是一部补《云南通志》的云南志书，由清人师范纂写，于嘉庆十三年（1808年）刊印出版。

师范与昆明孙髯翁是同时代的人，交往甚厚。特别是孙髯翁晚年移居咒蛟台后，师范曾经常去看望他，“相互询，乃以诗请”。然而师范在这部志书中，虽为孙髯翁写了小传，记述了他一生的经历和成就，而有关长联的问题却一字没有提到。不过，诸如孙髯翁“中岁客大理”时，见太守王公懒不治事，曾作“龙王不下栽秧雨，躲到苍山晌日头”的竹枝词以讽之，这些均收于《滇系》之中。相比之下，长联却没有收入，这显然不是师范的遗漏或失误。方国瑜先生在《云南史料目录概励》中说：“师范与孙髯翁有交情，所说事迹可据信。”师范为什么没有把这“海内第一长联”记在孙髯翁头上，这就恰恰说明长联的作者不是这位昆明的孙髯翁。

第四，阮元篡改“古人对”的问题。

阮元，道光六年至十一年（1826—1831 年）任云贵总督，此时他 62 岁至 67 岁，阮元对长联的拙劣改动，遭到了广大群众的纷纷指斥。当时，讽刺诗的出现，距孙髯翁的卒年乾隆四十年（1775 年）约莫 50 年左右。而 50 年左右的时间，不论从通常的习惯上讲，或是从历史的计算方法上讲，都不可能把 50 年前的人夸大为“古人”。更何况生于乾隆二十九年（1764 年）的阮元，与孙髯翁还是同时代的人。正如我们今天不会把解放初期（1950 年左右）的人，就称之为“古人”吧！

如果说是“古人”的话，这位古人无疑应当是生于康熙五年（1666 年）的曲靖孙髯翁。因为从时间上来讲，距阮元篡改长联毕竟是 130 年左右了，这还比较合乎逻辑。

据此，赵宏逵先生认为大观楼长联当为曲靖孙髯翁之作。

## 昆明孙髯翁

对赵宏逵先生之见，余嘉华先生在其《昆明孙髯翁妙词史实确凿怎能改——与赵宏逵、唐贻棣先生商榷》、马颖生《否定昆明孙髯翁为大观楼长联作者的论点不能成立》、陈安民《昆明大观楼长联作者无须质疑》、王运生《关于昆明大观楼长联作者质疑一文的商榷》等文章均指出，赵宏逵先生的分析有三大失误，但是有一点值得深究。

失误之一是，关于昆明孙髯翁的出生时间。

关于昆明孙髯翁的出生时间，前面已经分析过，应该是在公元1685年，即康熙二十四年，而非公元1711年，即康熙五十年，整整少算了26年。

失误之二是，关于大观楼长联创作的时间。

大观楼长联创作的时间为乾隆二十一年，即公元1756年，此时昆明孙髯翁已经是71岁。自古有“人生七十古来稀”之说，昆明孙髯翁自称“髯翁”亦是应当，无可非议。而此时阮元仅仅是一个8岁的小孩子，怎么能说其与孙髯翁是同时代的人？

再者，众所周知，清朝统治267年，共计历经十代，至乾隆皇帝为第四代，因此称大观楼长联撰于“清初”也并无瑕疵。

失误之三是，曲靖孙髯翁创作大观楼长联缺乏确凿的依据。

虽然赵宏逵先生的分析有失偏颇之处，但他提出的《滇系》一书为何没记长联？值得深究和继续考证。

墓前华表上刻有光绪十九年癸巳岁（1893年）弥勒贡生杨晓云撰写的八十言长联：

> 读大观一联，脍炙人口久矣，就萍天苇地，濡染笔墨生辉，布衣有何能，几历昆池劫灰，常图不磨文字。
>
> 出邑门半里，昭蛲马鬣依然，叹断碣残碑，灭没名流不少，吾侪非好事，一存滇南傲骨，以昭先正典型。

清朝《续修昆明县志》卷四《人物志》记载：

> 孙髯……博学多识，诗古文辞皆豪宕不羁，一时名仕相与酬唱。所撰乐府，虽不逮汉魏，亦几入香山、崆峒之室。五、七律规仿唐人，时有杰作。其题“大观楼”楹联，凡一百八十字，浑灏流转，化去堆垛之迹，实为罕见……

这些史实的记载，证明了大观楼长联确为昆明的孙髯翁所作。

经过史学界大多数专家的多方考证，最后认为大观楼长联当为昆明孙髯翁之作。2004 年由云南人民出版社出版发行的《云南省志·文物志》力排众议，对孙髯翁生平作了记述。

## 一代联圣陨落

孙髯翁晚年寓居弥勒县，与苗雨亭兴办义学，设帐授徒，门庭若市，门墙桃李，一时称盛。乾隆三十九年（1774年）正月初九日，孙髯翁无疾而终，先生跨鹤西归，享年九十上寿。苗雨亭公感念至交之情，将先生殡葬于弥勒城西苗氏茔地。一代文学巨星默默地陨落在偏僻、宁静的新瓦房村。

## 晚年寓居弥勒县

在孙髯翁的晚年，他的女婿、女儿将其接至弥勒县赡养。

关于弥勒县称谓的来历有两种说法：据乾隆年间编制的《弥勒州志》记载，弥勒汉属牂牁郡。唐昔些么徒蛮之的后代在这里居住，这个部族的首领叫木勒，因当时土著的少数民族口音“木勒”与“弥勒”相近，因此即以弥勒为地名。元初隶落蒙万户府，至元中改千户总把，领吉输、裒恶、部笼、阿育四千户，属广西路。至元二十七年（1290年）改为弥勒州，乾隆三十五年（1770年）改称弥勒县，此其一；另外一种传说佛经曰：“尔时世尊啊难曰将来久远，于东方各界当有城郭名曰鸡头，其城有大婆罗门主，名曰妙梵。婆罗门女名曰日梵摩波提。弥勒托生以为父母。身紫金色三十二相。众生视之无有餍足。身力无量不可思议。光明照耀无所障阂。去城不远，有树名曰龙华，高一由甸，广五百步。及弥勒降时草木皆焦尽。弥勒坐彼树下，成无上道果。些么徒城乃佛东方之地，其城西长而东狭，恰似鸡首。少年者国相之子。异哉，其果弥勒化身耶？自是始，些么徒部号称弥勒部。”此其二。

弥勒又称“佛城”。弥勒十乡八甸民风淳朴、笃信佛教，弥阳城中就有报国寺、太平寺、观音寺、慈照庵，城郊有弥勒寺、盘龙寺、禹门寺、咸和寺、牟尼庵、古亭庵、衢祝寺、证德庵、九峰庵、慈云寺、寿福寺、净乐庵，还有法门寺、白鹤寺、华林寺、腾龙寺、伏虎寺、皈依寺、那家庵、莲蒂庵等等，确实是天下第一“佛地”——“福地”。孙髯翁有幸在“福地”找到了自己最后的归宿。

特别是据县城二十余里的弥勒寺更是四方闻名。弥勒寺始建于明朝天启六年（1626 年），建寺至今已有三百八十多年的历史，是弥勒县规模较大的佛教建筑群落。据《新纂云南通志》载：“天启六年有僧如玉得地锦屏，募资兴建弥勒寺，州内佛教盛行。”

清朝时期自康熙皇帝开始，雍正、乾隆等历代都笃信佛教，乾隆皇帝曾经御赐弥勒寺玉雕弥勒佛像一尊、鎏金报时香炉一座。这两件宝物乃是国宝。先看这座玉雕弥勒佛像，当寺中僧人或香客点燃烛火的时候，只见玉佛顶部会出现一道道彩色光环，令人惊诧不已。再看那报时香炉，遍体鎏金、金光灿灿，炉身四周凿有十二个小孔，刻有子丑寅卯辰巳午未申酉戊亥十二种属相，分别代表一天中的十二个时辰。只要炉中燃放香烟，每到一个时辰，对应的小孔就会自动向外喷出一股香烟，留香遍地、沁人心脾。只是这件宝物现已失传，甚为可惜。

山路沿途森林密布，林荫流翠，寺前出一清泉，泉水泻玉。一面约三丈高、六丈宽的石砌长壁上写有草书“飞云流霞”四个大字。这里是避暑的好地方，常有游客登临，是滇东南佛教圣地之一，常年庙会不断，尤以正月初九玉皇大帝之诞辰为最盛。寺内的泉水清莹洁净，相传初生婴儿用此泉水洗涤即健康聪灵，故称为“佛泉”，弥勒的老百姓经常上山取泉水饮服，都说可以祛病消灾。

弥勒寺拥有大佛、大运、大雄、大智四院，建筑风格恢宏大气，集弥勒强巴相、弥勒思维相、弥勒仙光相、弥勒布袋相、弥勒天冠相之绝致，遂成“弥勒道场”之大寺。

千年梯田、百年古树尽收眼底，潺潺清泉灵秀无方，感慨“佛家圣地”之不虚。弥勒寺是个诱人、迷人的地方，明代葛一龙在《弥勒寺》一诗中写道：

> 一宇嵌山窟，重重开晓烟。青飞岩下水，绿覆树头天。
>
> 境僻耽幽寂，僧高净俗缘。不知州与寺，名立竟谁先？

苗雨亭将坐落于三道桥村的一座院子赠送给孙髯翁的女婿和女儿。这三道桥村距弥勒县城约八九里路，是一个依山傍水、山清水秀的村落。这个村子往上七八里是明朝万历十一年（1583年）修建的禹门寺，寺前的禹门河居高临下形成瀑布奔流而下。禹门河、白马河自北向南崎岖蜿蜒流经这个村庄，将这块绿洲一分为三，当地老百姓为方便出行与农耕，村民们共同出资，在三条支流上修建了三座石拱桥，一为大石桥、二为中桥、三为小板桥，所以人们就将寨子称为三道桥村。

孙髯翁晚年寓居弥勒三道桥村

孙髯翁的女婿为人忠厚勤劳，常年往来于师宗、丘北、泸西和陆良间，经营些红糖、大米、辣椒、大蒜等土特杂货，家道还算殷实。

云南弥勒县三道桥村

自从苗雨亭将这座院子赠送给孙髯翁的女婿和女儿以后，他们用多年的积蓄，辛辛苦苦地营造了一个温馨的小家园。门前一条小溪潺潺流过，四周是土坯围墙，院落井井有条。三间一色青瓦房，中间是堂屋与两间耳房，两旁是厢房。院子右边一角有一间水碾坊，夫妇两人利用这个水碾坊时常为乡亲们免费碾稻谷。

## 设馆授徒兴办义学

苗雨亭是弥勒县的富户，苗雨亭又是孙髯翁的挚友。他知道孙髯翁虽然年事已高，但却是一个闲不住的人，便出资购买弥阳城西一院馆舍作为私塾馆，聘孙髯翁为西席，两人共同设馆授徒兴办义学。

为纪念和表彰苗雨亭捐资办学的义举与功绩，弥勒县将城中的一条大街命名为“雨亭街”。

弥阳私塾开馆，弥勒十乡八甸的人都知道是名士孙髯翁教授，纷纷将孩子们送来入学，地方官绅都来祝贺，“门庭若市、门墙桃李，一时称盛”。孙髯翁以八十余岁的高龄在弥勒兴办义学，至于自己的报酬则分文不取，坚持“有教无类”的办学原则，坚韧不拔地践行着自己的平民思想的崇高理想。

苗雨亭是一个值得一提的人物。据苗家第十代孙苗文生先生提供给笔者的苗氏家谱记载，苗雨亭的名字叫苗漪，雨亭是他的字，广西府弥勒州人氏，生于康熙十二年

（1673年），康熙五十年（1711年）辛卯科举人。苗氏祖上原籍为浙江钱塘县苗家湾，明朝洪武年间苗鳯以文职身份跟随沐英入滇，定居于泸西县。苗鳯育有二子，次子继续留在泸西县季树者，长子苗自然则迁移至弥勒县丫铺龙，后又迁至新瓦房村。苗家在新瓦房村延续已十一代，历三百五十余年，至今苗家的第十代、第十一代后人仍在新瓦房村居住。

苗家是书香门第，苗自然育有三子，长子苗其良、次子苗其正、三子苗其生。这苗其正即是苗雨亭的父亲，曾经担任昆明府的教谕，苗雨亭在十岁的时候就被苗其正从弥勒接到昆明送进学堂就读，自幼深受其父影响。

苗雨亭在省城游学期间，经常与孙髯翁、李因培、钱昆浦、孙大令、唐药洲、杨梦舫、施竹田等一帮文人游走山水之间，切磋诗文，过从甚密。乾隆八年癸亥岁（1743年），苗雨亭出任河南渑池县任县令，为官十八年，因治

孙髯翁晚年寓居弥勒三道桥村

理洪涝解决民生的功绩，在当地口碑甚佳。于乾隆二十六年辛巳岁（1761年）辞官归里。

时间一天一天的过去，不觉来到乾隆三十九年（1774年）春。到了正月初九这天，孙髯翁无疾而终，一代联圣与文学巨星默默地陨落在偏僻、宁静的弥勒新瓦房村。

苗中任感念先生安贫守节、洁身自好、两袖清风、铮铮傲骨、人之楷模，遵照父亲苗雨亭的遗嘱，亲自操持后事，邀约族人将孙髯翁先生安葬于弥勒城西的苗氏祖茔之地，墓地围坟石用180块青石围砌而成，象征着孙髯翁在大观楼留下的180个字天下第一长联，他们用这种特殊的方式纪念这位布衣伟人。

## 后世深切怀念

孙髯翁虽逝，但是，人们没有忘记这位传奇式的布衣。

孙髯翁的学生师范在其《过圆通寺怀孙髯翁先生》一诗中深切怀念孙髯翁：

垂老谈诗更精神，曾于早岁荷陶甄。
匆匆二十余年事，几见时流制新作。

孙髯翁的另一个学生董懋泉在《题髯翁夫子凯歌后》赞叹道：

身在天涯心在秦，白头信庾泪沾巾。
客中作客难为客，春日寻春那当春。
六诏应多新地主，三原岂少旧乡亲。
近华浦上波千顷，不信云南有此人。

道光年间弥勒士绅民众为先生重修墓碑，碑刻：“清处士髯翁孙先生之墓”，墓柱刻王运谦所撰“古冢城西留傲骨，名士滇南有布衣”。

清光绪二十年（1894 年）弥勒贡生杨晓云所撰墓联，联云：

读大观一联，脍炙人口久矣，就萍天苇地，濡染笔墨生辉，布衣有何能，几历昆池劫灰，常图不磨文字。

孙髯翁墓地（云南弥勒市玉皇阁）

出邑门半里，昭蛲马鬣依然，叹断碣残碑，灭没名流不少，吾侪非好事，一存滇南傲骨，以昭先正典型。

光绪三十三年（1907 年），弥勒士子协力筹资为先生修墓立碑，墓碑正中刻有“清处士髯翁孙先生墓”十个大字，旁刻一联，为王运谦所题：

古冢城西留傲骨；
名士滇南有布衣。

民国三年（1914 年），弥勒士绅民众“重为封植，丰碑屹立，昔日荒垄，顿改旧观，峨山甸水为之生色，骚人墨客经其地者多有题咏”。

民国三年，爱国志士杨杰任弥勒县长，又为孙髯翁修墓，立碑为志。

民国二十六年丁丑岁（1937 年），杜希贤任弥勒县长，重修孙髯翁墓，并撰《辑刊凭吊孙髯翁先生墓诗碑序》，勒石于墓左，其文有“相传先生晚年，伤伯道无儿，幸中郎有女，远适弥勒，以舐犊情深，常遨游于丘、弥之间，设帐授徒，门墙桃李，一时称盛。后殁于弥，葬挹爽门西郊，郡人士立碑以志之曰：‘清处士髯翁孙先生之墓’……”。

公元 1983 年 1 月 16 日，云南省人民政府把孙髯翁之墓列为第二批省级文物保护单位，保护范围占地 292 平方米。1992 年，省拨款两万元，对孙髯翁墓进行修缮。现存孙髯翁墓已经从苗氏祖茔迁至玉皇阁旁边的山上，墓为圆形围石封土堆墓，墓高 2.8 米，直径 5.8 米，坐东向西，碑正刻“古滇名士孙髯翁先生之墓”，两边刻有“孙髯翁生平简介”。

如今的新瓦房村建立了长途汽车客运站，夜晚在五光十色的霓虹灯的闪烁下，商贩们正在叫卖弥勒特产的葡萄、石榴、苹果。在新瓦房村的对面就是闻名遐迩、实力非凡的红河烟草集团的总部。弥勒寺依然香烟缥缈，弥勒县城建成了孙髯翁公园，供纷至沓来的游人追忆历史，人们在整洁宽敞的髯翁大街上忙碌穿梭，享受着传统文化与现代文明结合的新生活……

弥勒市现代葡萄园

# 孙髯翁作品赏析

孙髯著有《永言堂诗文集》《国朝诗采》《滇诗》《金沙诗草》，皆佚无存。其诗篇在《滇南诗略》中收有20首，近代又发现《孙髯翁诗残钞本》，收孙诗54题85首，惜破损甚多。从孙髯翁大量的楹联、诗词中可以看出，其所有作品没有矫揉造作，更没有悲观厌世、低级庸俗，充分表现了孙髯翁忧国忧民、潇洒自如的个性。

# 楹　联

## 大观楼长联

五百里滇池奔来眼底披襟岸帻喜茫茫空阔无边看东骧神骏西翥灵仪北走蜿蜒南翔缟素高人韵士何妨选胜登临趁蟹屿螺洲梳裹就风鬟雾鬓更苹天苇地点缀些翠羽丹霞莫孤负四围香稻万顷晴沙九夏芙蓉三春杨柳。

数千年往事注到心头把酒凌虚叹滚滚英雄谁在想汉习楼船唐标铁柱宋挥玉斧元跨革囊伟烈丰功费尽移山心力尽珠帘画栋卷不及暮雨朝云便断碣残碑都付与苍烟落照只赢得几杵疏钟半江渔火两行秋雁一枕清霜。

**【注释】**

1. 五百里滇池，滇池是云南九大高原湖泊之一。《云南通志·地理志》：“滇池为南中巨浸，周广五百余里。”

2. 披襟，敞开衣襟。

3. 岸帻，岸，是“高推”的意思。帻，是古时的一种头巾。岸帻，是把头巾推高。

4. 神骏，即神马，指昆明东面的金马山。

5. 翥，飞翔。

6. 灵仪，指昆明西面的鸡碧山。

7. 蜿蜒，指昆明北面的长虫山。

8. 缟素，缟为白缯，古代丝织品，素为生帛，均为洁白者，指昆明南面晋宁区的白鹤山。

9. 选胜，选择一个美好的地方或美好的日子。

10. 蟹屿螺洲，指滇池中如蟹似螺的小岛或小沙洲。

11. 风鬟雾鬓，鬟，古代女子的一种环形发结。风鬟，即蓬松的高髻；鬓，耳旁垂发。雾鬓，即双鬓梳得像薄雾。比喻滇池边的垂柳，有与范成大诗“花边雾鬓风鬟满”异曲同工之妙。

12. 翠羽，翠绿色的鸟雀。

13. 丹霞，红色的云霞。

14. 据赵藩考证，孙髯常以“孤负”为“辜负”。

15. 九夏，指夏季的 90 天。

16. 芙蓉，莲花。

17. 汉习楼船，据《史记 · 平准书》载，公元前 120 年，汉武帝“大修昆明池，治楼船……”以操习水军，试图打通从滇池通往印度的路径。

18. 唐标铁柱，《新唐书 · 吐蕃列传上》，公元 707 年，吐蕃及姚州蛮寇边，“九征毁絙夷城，建铁柱于滇池以勒功”。九征，即唐朝御史唐九征率兵大败吐蕃，并在波州（今祥云县）建铁柱以记功。

19. 宋挥玉斧，玉斧为文房古玩，作镇纸用。《续资治通鉴 · 宋纪》：北宋初年，“王全斌既平蜀，欲乘势取云南，以图献。帝鉴唐天宝之祸，起于南诏，以玉斧画大渡河以西曰：'此外非吾有也！'" 关于"宋挥玉斧"的典故，余嘉华先生认为与史实有出入。

20. 元跨革囊，《元史·宪宗本纪》，公元1252年，"忽必烈征大理过大渡河，至金沙江，乘革囊及皮筏以渡。"

21. 断碣残碑，《后汉书·窦宪传》："方之者谓之碑，圆者谓之碣。"历代帝王所立的功德碑，随时间经风雨侵蚀而断裂残破。

22. 一枕清霜，套用"一枕黄粱"的句式。

### 自 挽

五十年经史罗胸，也喜饮酒，也喜看花，开平丧乱，饱经过百事无成，只诗卷长留天地；
八十载光阴弹指，不愿升仙，不愿做佛，宝贵功名，如梦灯一端最好，有书香付与儿孙。

### 自 挽

这回来得忙，名心利心，毕竟糊涂到底；
此番去甚好，诗债酒债，何曾亏负着谁！

**【注释】**

1. 毕竟糊涂到底，清朝郑板桥有"难得糊涂"句。

### 题昆明圆通寺壁立堂

庄严世界还须佛，点染春光也要人。

题昆明圆通寺夕佳阁

百尺高楼一片岗峦千点树，满城春色半边海水四围山。

【注释】

1. 夕佳阁：位于昆明圆通寺后山。以陶渊明“山气日夕佳”得名。

2. 满城：指昆明城。

3. 海水：指昆明滇池。云南人俗称湖泊为海。

题昆明太极山采芝径

步步小心，须念石头路滑；

层层着眼，方知峰顶人高。

【注释】

1. 太极山：即昆明西山。

2. 方知峰顶人高：林则徐有“海到无边天作岸，山登绝顶我为峰”之句。

题某地鹿苑寺

一道飞来泉乡碧；万山合处晓烟青。

云南鹿苑寺题

消释三幡，欲界色界无色界；

宣扬诸部，大乘上乘最上乘。

【注释】

1. 关于此对联，一种说法是王綍题某地普安寺所作。王綍，字敷训，号雪庐，云南晋宁人。乾隆二十四年（1759年）举人，官合水知县。工四体书，（片旁）书极劲厚。尤精镌印，有雪庐红书。时画松鹤草树，令观者有物外想。嗜吟咏，有《雪庐诗钞》《滇系》《滇诗略》《晋宁州志》《段可石文稿》。

2. 消释三幡：轮流三次。《诗·齐风·猗嗟》“四矢反兮”唐孔颖达疏：“大射皆三番，射讫止，而不复射，是礼射三而止也。”

3. 大乘上乘最上乘：在佛教创始人释迦牟尼逝世后，佛教内部由于对释迦牟尼所说的教义有不同的理解和阐发，先后形成了许多不同的派别。按照其教理等方面的不同，以及形成时期的先后，可归纳为大乘和小乘两大基本派别。“乘”是梵文 yana（音读“衍那”）的意译，指运载工具，比喻佛法济度众生，象、舟、车能载人由此达彼一样。

# 诗

## 咏　菊

### （七首）

一

霜径竹篱笆，萧疏渐看花。
叶肥秋太瘦，香地晚尤嘉。
风雪来支鹤，江天抹片霞。
六朝帆影外，疑是美人家。

**【注释】**

1. 六朝，又称六代。吴、东晋、宋、齐、梁、陈六个朝代先后建都于建康（吴称建业，今江苏南京），史称六朝。

二

三径晚萧萧，花开不寂寞。
向人疑太傲，顾影自然超。
野色团天地，秋光入酒瓢。
未能成一醉，也不负今朝。

三

澹到无言说，相看不是花。
如何当此夕，未肯媚春华。

隔水僧招手，孤村雪煮茶。

胆瓶三四朵，也是向秋夸。

四

众卉方摇落，深秋独自花。

看随三径晚，品不似春华。

冷蕊朝含露，寒英暮带霞。

昔闻陶处士，得酒即为家。

**【注释】**

1. 处士，古时候称有德才而隐居不愿做官的人，泛指没有做过官的读书人。《商君书·算地》："处士资在于意。"陶处士，指陶渊明。

五

危时常相对，古秋也自花。

艳从风里看，香是晚来嘉。

斜月声声雁，短篱片片霞。

远山林涌出，遥见那人家。

六

一点寒威入，飘零无数花。

谁知老骨健，不许向春华。

明月千杯酒，秋风七碗茶。

霜枝留得住，碌碌也难夸。

七

卷帘霜色澹，闲立水之涯。
甲子无心纪，柴桑自有家。
雨疏荒径湿，秋老白云遮。
道是匡庐近，相携且卧霞。

**【注释】**

1. 甲子，中国传统纪年农历的干支纪年中一个循环的第一年称“甲子年”。这里指年份、年纪。

2. 纪，同“记”。

3. 柴桑，古县名。西汉置，因有柴桑山而得名。故址在今江西九江市西南。东汉末曹操率军自江陵东下，诸葛亮至柴桑与孙权计划抵抗曹军。也是晋代大诗人陶潜（陶渊明）的故乡。

4. 匡庐，指江西的庐山。相传殷周之际有匡俗兄弟七人结庐于此，故称。

秋　圃

竹扉茅舍白云封，高占清闲十五弓。
秋信不须劳雁寄，海棠开过短墙红。

**【注释】**

1. 十五弓，古时度量，五尺为一弓。

2. 劳雁，《乐府诗集·东飞伯劳歌》：“东飞伯劳西飞燕，黄姑织女时相见。”

辛卯观诸生入闱

昆明仲秋选场开，珥笔观光鱼贯来。
积学也知非旦夕，祭神先拜斗河魁。
龙门路出层霄上，蟾窟花将密蕊堆。
媳妇当家称婆子，阿姨欲嫁倩良媒。
一金买卷劳相赠，三木囊头怕作灾。
各项摆房俱齐整，更番有路入蓬莱。
唱名胥吏嫌字难，趁空馀丁劫横财。
墙角口坊添棘刺，看军搜拣带腰牌。
槟榔成串忙亲送，葫芦相邀欢举杯。
无限鱼龙资变化，许多桃李待栽培。
监临秉笔悬冰镜，提调巡风靠古槐。
风雨生愁油幔湿，尘埃怕惹竹灯煤。
师生侥幸欢口号，题目稀奇忒怪哉！
富贵在天非博洽，老成无用愧婴孩。
春蚕食叶声方杂，斜照穿帘影又催。
倩代不妨金厚许，咨询打点笑先开。
口空天马真难得，道地人参送几枚。
十棒锣催心似火，三条烛尽口口灰。

【注释】

1. 辛卯，辛卯年，即乾隆三十六年（1771 年），时年孙髯八十六岁。

2. 珥笔，古时官吏、谏官入朝，或近臣侍从，把笔插在帽子上，以便随时记录、撰述。曹植《求通亲亲表》："执鞭珥笔。"这里指进入考场的考生。

3. 斗河魁，北斗七颗中国星名由斗口至斗柄连线顺序为天枢、天璇、天玑、天权、玉衡、开阳和摇光。前四颗称"斗魁"，有称"璇玑"；后三颗称"斗柄"，有称"玉衡"。现代星名则命名为大熊座 α、大熊座 β、大熊座 γ、大熊座 δ、大熊座 ε、大熊座 ζ 和大熊座 η。通过斗口的两颗星连线，朝斗口方向延长 5 倍可以找到北极星，这两颗也称作"指极星"。北斗七星中有一颗星在中国古代被尊为"魁星"，它是主宰世间功名禄位之神，正因为如此，古代文人拜魁星已经形成一种风气。中国很多地方都建有"魁星楼"或"魁星阁"。

4. 龙门，古代科举考试的正门，后喻义科举中试为登龙门。

5. 蟾窟，指月宫、月亮。唐·李白《初月》：玉蟾离海上，白露湿花村。

6. 三木，古刑具，枷在犯人颈、手、足三处。因为是木制的所以称为三木，而只有重犯才会戴此重刑刑具，一般的轻犯只会选择其一，所以三木借指重刑。

7. 原稿中"墙角口坊添棘刺"缺失一字，为疑"考"

字，此句或为“墙角考坊添棘刺”。

8. 棘刺，为保证安全，避免闲杂人员混入考场，贡院四周围墙头上扎满了棘刺，故贡院又被形象地称为“棘闱”。

9. 监临，指科举制度中乡试的监考官。

10. 提调，清末各新设机构常置此职，系处理事务的高级人员。其职权大小，因机构而异。

11. 文中“师生侥幸欢口号”句中原稿缺失，疑为“考”字。此句或为“师生侥幸欢考号”。

12. 文中“口空天马真难得”原稿缺失，疑为“天马行空”之“行”字，此句或为“行空天马真难得”。

13. 文中“三条烛尽口口灰”两字原稿不清，疑为“蜡炬”。唐朝李商隐有：“春蚕到死丝方尽，蜡炬成灰泪始干。”

## 再游狮山吊明建文帝

又过逃禅帝子坛，淡烟衰草满栏杆。
滁阳一旅兴王易，建业千官继统难。
阙对凤陵成燕幕，天留狮窟任龙蟠。
百年归葬无封树，月色鹃声终古寒。

**【注释】**

1. 滁阳，安徽滁州。明太祖朱元璋在此举义。

2. 建业，即南京。公元 229 年，孙权在武昌称帝，9

月即迁都于此，称作建业，为南京建都之始。

3. 凤陵，安徽凤阳县城西南 15 里的明皇陵，系明太祖朱元璋父朱世珍、母陈氏的陵墓，初名英陵，后改称皇陵。

4. “百年归葬无封树”，堆土为坟，植树为饰。古代士以上的葬礼。《礼记·王制》：“庶人县封，葬不为雨止，不封不树，丧不贰事。”孔颖达疏：“庶人既卑小，不须显异，不积土为封，不标墓以树。”

春日登狮山

郡僻山愈佳，景幽情多眷。行行至武阳，丘壑开芳甸。

诏侣及春晴，同心而异撰。出郭四五里，绿登千百转。

履香兰苣藉，衣冷岩泉溅。碧落逗疏林，白云挂匹练。

雪峰遥掩映，香水互委婉。钟磬下方闻，楼阁空中见。

俨然青狮卧，谁种苍松遍？缅昔建文帝，孽蓄生惨变。

周公践遽柞，孺子走下殿。晁令固不智，流言岂虚诞。

大索遍天下，穷追及海甸。赖兹好山峦，许读高僧传。

从亡十一人，来往供香饭。鸟兽为悲鸣，风信相吊唁。

至今痛哭处，常见草如茜。桓桓沐征西，磊磊称英彦。

三户嬴亡秦，一旅殷宗奠。滇南多劲卒，扫城可以战。

大义昌天下，九州应革面。胡为但藏匿，而不拔一箭。

独令青史上，勤王书姚善。我来兹山游，太息声难咽。

燕王英武姿，文孙愚且软。叔侄一本亲，君臣大义灿。

天宇固有殊，立嫡非泛滥。知子莫如父，出之由庙算。

封以幽燕地，翻益爪牙焊。韩彭已尽诛，随南复何禅。

强本儿封建，乃召舟中乱。人事一矣乖，天道成三叹。

宗藩擅用兵，杀之亦何撼？千里远征师，所贵在一战。

虎猛当急缚，水弱难轻玩。片纸敕书下，空抱刀弓看。

轻纵孟明逝，不顾先轸憾。无乃项羽仁，奚帝宋襄暗。

纨绔误将兵，敌中笑大瞰。燕燕日高飞，龙种西南窜。

衰经十族诛，佛衣瓜抄蔓。鼎镬尚书烹铁笼中丞烂。

东家牧猪奴，遑恤君父难。斜月坠天边，浦柳悲江汉。

缁衣昔中书，编修今黄冠。拥书老补锅，谁识前内翰。

千秋十一臣，义气自虹贯。得食辄相馈，闻难遥奔探。

一哭空山崩，再哭风雨漫。到处罗网张，吞声鸟兽散。

旌节黔山冈，楼船西洋岸。意在捕蛟龙，宁思脱狴犴。

幸免豫且困，终作比丘伴。洪武过于暴，建文过于憨。

一夫不忍杀，举国遭涂炭。暴既非贻谋，篡终成铁案。

成王安在哉？新莽罪难逭。老佛南迎归，榆川日西晏。

至今狮子山，昼夜悲风澹。

【注释】

1. 出郭四五里，狮山距武定县城约 3 公里。

2. 建文帝：朱元璋之孙，即明惠帝朱允炆（1377 年 12 月 5 日—？）是明朝第二位皇帝，年号“建文”，在靖难之变后下落不明。民间传说其曾经在武定狮山削发为僧，孙髯翁故有此诗。

3. 周公姓姬名旦（约公元前 1100 年），亦称叔旦，周文王姬昌第四子。因封地在周（今陕西岐山北），故称周公或周公旦。这里暗指燕王朱棣。

4. 孺子：指建文帝。

5. 晁令：晁错（前 200 年—前 154 年），是西汉文帝时的智囊人物，汉族，颍川（今河南禹县城南晁喜铺）人。此处借指建文帝的谋臣齐泰、黄子澄提出削藩的建议。

6. “从亡十一人”，指跟随建文帝逃亡的大臣。

7. 太息：叹息。

8. 燕王：明成祖朱棣（1360—1424 年）是明朝第三代皇帝，1402—1424 年在位。明太祖朱元璋第四子，生于应天，时事征伐，并受封为燕王，后发动靖难之役，起事攻打侄儿建文帝，夺位登基。

9. 文孙：指建文帝，其为明太祖朱元璋之孙。

10. 宋襄：即宋襄公。

11. 龙种西南窜：龙种，指建文帝。传说建文帝被朱棣打败后，曾流亡于滇、川、黔西等地。

12. 黄冠：道士之冠。这里借指道士。

13. 狴犴：又名宪章，传说中的兽名，形似虎。借指监狱。

14. 比丘：佛家指年满二十岁，受过具足戒的男性出家人。这里指建文帝及跟随其逃亡的大臣出家。

15. 洪武：明太祖朱元璋的年号，这里指朱元璋。

16. 新莽：即王莽。西汉末，王莽篡权，国号“新”。

## 竹枝词

自古民愁官不愁，垄头啼遍众斑鸠。

龙王不下栽秧雨，躲在苍山向日头。

【注释】

1. “躲在苍山向日头”，云南方言称烤太阳为“向日头”。

## 华亭春茶

可惜山茶云锦披，雪天开到暮天时。

赤球绿甲攒高树，大朵细心压软枝。

第是名园争载酒，即教海客亦相思。

华亭寺隔盈盈水，十丈明霞何处垂。

【注释】

1. 华亭，昆明西山华亭寺。

## 咏烧茄

（二首）

一

名似神仙著，担来老圃家。
余霜犹在蒂，嗜茄不如茄。
取火求口口，挑泉剥紫霞。
相烦盐大使，猫踏醋瓶许。

【注释】

1. 烧茄，昆明人喜欢将茄子烧熟后伴酱油、酸醋食用。

二

未过屠门嚼，取茄漫火烧。
不须叹四簋，也可醉千瓢。
姜桂虽润性，盐梅未许调。
古来多好手，风雨自魂消。

【注释】

1. 簋（guǐ），古代盛食物的器皿，圆口、双耳。

## 咏茭瓜

（二首）

一

淡薄平生志，茭瓜较肉嘉。
绿排江上阵，香老水之涯。
雁啄沉云黑，龙饮秋月斜。
兴余无别物，下酒是蚂蚱。

二

滋味吾心薄，清秋得此嘉。
淡中无系累，归去足生涯。
露湿口口冷，风高雁正斜。
菰芦何处是，携带好蚂蚱。

**【注释】**

1. 菰芦：是菰（茭草，茭草的膨大根部就是茭白）和芦苇的合称。古诗词中常用“菰芦”指水渚汀岸水草杂生的景象。

## 寒蝉鸣

（二首）

一

身世无穷恨，关河昨夜秋。

一灯黄叶寺，双鬓夕阳楼。
浊酒清我听，荒鸡远戍愁。
披衣将起舞，痴泪落心头。

二

露柳千丝曳，云林隔树幽。
西风初振羽，落日回添愁。
聒耳清商切，惊心大火流。
浣花溪上叟，难道不悲秋。

**【注释】**

1. 振羽：古乐章名。

2. 清商：也称为清商乐，是指汉魏六朝的乐府音乐，流传下来的歌词即当时的乐府诗。在音乐史上，“清商”有几种不同的含义。一种含义是：清商即高的商调。宫、商、角、徵（zhǐ）、羽五调，一般是指中部音高说的，即相当于今天的 C、D、E、G、A 五调。

3. 浣花溪：词牌，就是词的格式的名称。

### 蚊　声

不是琵琶不是筝，嗡嗡聒耳到三更。
丈夫不听谗言语，任尔空鸣枕上声。

## 咏担当

## （二首）

### 一

剩水残山聊尔尔，那有闲情称画史。

但将白眼送浮云，也似黄冠归故里。

**【注释】**

1. 担当，俗名唐泰，字大来，云南晋宁府人。生于明朝万历二十一年（1593 年），卒于清朝康熙十二年（1673 年）。担当是其号，为僧后法名普荷，一名通荷。明末清初时期著名的书法家、画家。

2. 黄冠，道士之冠。这里借指道士，泛指出家人。

### 二

六朝新样秣陵秋，百尺鹅溪一段愁；

寄与江南阮司马，庞及居士自风流。

**【注释】**

1. 六朝：又称六代。吴、东晋、宋、齐、梁、陈六个朝代先后建都于建康（吴称建业，今江苏南京），史称六朝。

2. 秣陵：秦汉时期今南京的称谓。

3. 鹅溪，水名、地名。在四川省盐亭县西北，以产绢著名。

4. 司马，古代官名。殷商时代始置，位次三公，与六卿相当，与司徒、司空、司士、司寇并称五官，掌军政和军赋，春秋、战国沿置。汉武帝时置大司马，作为大将军的加号，后亦加于骠骑将军，后汉单独设置，皆开府。隋唐以后为兵部尚书的别称。

5. 居士，古代称有德才而隐居不仕或未仕的人。这里借指担当。

吊担当上人

黑水青天外，苍山古雪边。

儒生而墨者，酒客亦诗仙。

杖锡来鸡足，春花叫杜鹃。

画中三两笔，仿佛义煦年。

【注释】

1. 墨者，指书法家。这里指担当。

2. 锡杖，云游僧所持法器。指担当。

3. 鸡足：云南滇西鸡足山，佛教圣地。

4. 义煦年：东晋安帝年号（公元 405 年至 418 年）。高僧法显在这时期从印度归国。

## 寓夕佳阁

（二首）

一

万古一书卷，乾坤七尺床。
卧游宗炳宅，吟依费公房。
石矗径台翠，云流洞谷香。
夕阳山气好，天海又苍茫。

【注释】

1. 夕佳阁，在昆明圆通寺内。

2. 宗炳（375—443 年）南朝宋画家。字少文，南涅阳（今河南镇平）人，家居江陵（今属湖北）。士族。东晋末至宋元嘉中，当局屡次征他做官，俱不就。擅长书法、绘画和弹琴，信仰佛教。

3. 费公，名直，字长翁，东莱（郡治今莱州市）人，西汉古文易学“费氏学”的开创者。

4. 洞谷，孙髯翁寓居的咒蛟台下有两个山洞，一为潮音洞，一为云津洞。

二

道在多违俗，名高转误身。
自非天下士，谁是个中人。
鱼鸟忘机尽，江山写照真。

我怀相领取，汩没任风尘。

### 岳武穆

岳家军誓朱仙镇，
欲向黄龙迎二圣。
天下义师争相应，
太子闻之中夜遁。
太子勿遁金牌来，
权相在风，
将军且回。
片语直中膏肓哉。
吁嗟乎，何物书出起草莱。

【注释】

1. 岳武穆，即岳飞（1103—1142年），字鹏举，汉族。北宋相州汤阴县永和乡孝悌里（今河南省安阳市汤阴县菜园镇程岗村）人。中国历史上著名战略家、军事家、民族英雄、抗金名将。

2. 朱仙镇，位于河南省开封市开封县县城西南部。《宋史》列传记载岳飞在朱仙镇以五百精锐骑兵背嵬军击破金军之事。

3. 黄龙，黄龙府位于农安县县城内，为辽金两代军事重镇和政治经济中心，是中国历史名城之一。城址周长3.5公里，尚存城址残迹7处。公元1126年，金兵俘虏宋朝徽、钦二帝后北上，曾将他们一度囚禁于此。南宋时抗金名将岳飞曾言：“直抵黄龙府，与诸军痛饮耳。”

4. 二圣，即宋朝徽宗、钦宗二帝。

5. 太子，指金太祖阿骨打的第四子金兀术。

6. 金牌，古代传达军机及紧急事件的金字牌。

7. 权相，指奸臣秦桧。

8. 膏肓，古人把心尖脂肪叫“膏”，心脏与膈膜之间叫“肓”。

9. 草莱，犹草莽，杂生的草；指荒芜之地，犹草野、乡野；民间；布衣、平民。

登拓边楼

炎荒万里静秋鼙，试倚高楼瞰碧鸡。
六诏关河资锁钥，百年生聚重耕犁。
青山势绕金沙外，黑水波流铁柱西。
寄与南中诸将帅，武乡祠与彩云齐。

【注释】

1. 拓边楼：楼名。公元765年南诏王阁罗风子凤伽异所筑，故址在今云南昆明市拓东路。

2. 秋鼙，秋战中的鼙鼓声。唐朝人孟郊《猛将吟》：“秋鼙无退声，夜剑不隐光。”

3. 碧鸡，指昆明西边的碧鸡山。

4. 六诏：唐初，分布在洱海地区的众多少数民族部落经过相互兼并，最后形成蒙嶲诏、越析诏、浪穹诏、邆赕诏、施浪诏、蒙舍诏六个大的部落，称为“六诏”。这里泛指云南。

5. 金沙：指金沙江。

6. 黑水：这里指云南省的西洱河。

7. 铁柱：见本书第三章《设馆授徒》及第十章《大观对联》的相关内容。

8. 武乡祠：这里指在云南修建的武侯祠。武侯，三国时期的诸葛亮。

## 张惕庵山长奉内讳鬻书归闽营葬，闻之黯然，因邀同人赋折柳词以送其行

四愁谁似张平子，九辩还悲宋大夫。
泣向乡关挥涕泪，更逢雨雪暗江湖。
青山历历归途远，白发萧萧入梦孤。
鬻尽琴书无可鬻，满天霜月夜啼乌。

【注释】

1. 山长是历代对书院讲学者的称谓。元代于各路、州、府都设书院，设山长。明清沿袭元制，乾隆时曾一度改称院长，清末仍叫山长。废除科举之后，书院改称学校，山长的称呼废止。

2. 内讳，就是“妇讳”，《礼记·曲礼上》载：“妇讳不出门。”

3. 闽，即福建。

4. 四愁，指张衡在河间相任期时创作的《四愁诗》受到文学史家郑振铎先生的高度评价，称之为“不易得见的杰作”。

5. 张平子，即张衡（78—139 年），字平子，汉族，南阳西鄂（今河南南阳市石桥镇）人，我国东汉时期伟大的天文学家、数学家、发明家、地理学家、制图学家、文学家、学者。在汉朝官至尚书，为我国天文学、机械技术、地震学的发展做出了不可磨灭的贡献。由于他的贡献突出，联合国天文组织曾将太阳系中的 1802 号小行星命名为“张衡星”。

6. 宋大夫，即宋玉，又名子渊，相传他是屈原的学生。据传所作辞赋甚多，《汉书·卷三十·艺文志第十》录有赋 16 篇，今多亡佚。流传作品有《九辨》《风赋》《高唐赋》《登徒子好色赋》等。

7. 鬻，卖。

花木兰歌

朔风吹大雪，
压倒红旗杆。
壮士僵卧死，
何况花木兰。
木兰本女郎，
何为铁兜鍪罩乌云盘？

木兰本女郎，
何为长弓羽箭腰中攒？
军书日夜至，
猎火遍山峦。
老父大年纪，
步行多蹒跚。
木兰但替爷征战，
怕不一战擒可汗。
堂上拜父母，
惟愿强加餐；
堂下别弟妹，
双泪珍珠弹。
若使木兰有长兄，
焉用木兰军中行路难。
天地为色变，
风云为盘桓，
鸟兽为悲鸣，
河水咽前滩。
爷娘与弟妹，
能不摧心肝。
木兰恐伤父母心，
反对爷娘大喜欢。
出门的伙伴，
长跪见长官。

长官不知木兰是女郎，
但见木兰脉脉羞无端。
手如葱削根，
唇如朱漆般，
目若墨漆点，
颜如鲜牡丹。
步行是男儿，
骨节常珊珊。
木兰初次见长官，
如何不教木兰脉脉羞无端。
朝拜君王诏，
暮别都督坛。
瀚海提戈跃，
天山勒马看。
杀贼如儿戏，
谈兵似弄丸。
军中忽唱凯，
道路尽罗观。
木兰不愿官拜尚书郎，
但愿得待父母终余年。
上堂见父母，
父母苦煎熬；
下堂见阿妹，
阿妹长齐肩；

园中看小弟，
小弟年十九，
身骑劣马手开八石之劲弓，
只今小弟好替爷征战，
不教阿姊长跪长官前。
解我腰间甲，
弃我手中鞭，
脱去铁兜鍪，
系上双行缠。
鸾镜重开匣，
骊珠再出渊。
娥眉随意画，
小步欲生莲。
六幅绮罗裙，
拖齐猩红毡。
微觉旧衣裳，
不称纤腰妍。
手持金剪刀，
新制藕丝鲜。
昨日好男儿，
今日美婵娟。
乡里相传说，
远近长发叹。
我谓乡里生女且勿叹，

生男且勿欢。

安得天下生女子，

皆似花木兰。

张良美妇人，

木兰奇男子，

景升诸儿豚大耳。

【注释】

1. 兜鍪，亦作“兜牟”，古代战士戴的头盔。秦、汉以前称胄，后叫兜鍪。

2. 可汗，又称大汗，或简称为汗，原意王朝、神灵和上天，阿尔泰语系民族对首领的尊称，最早出现于3世纪鲜卑部落，最初，这个称呼是部落里部众对首领的尊称。记载于《宋书》，类似于汉字的天子；古代北亚阿尔泰语系游牧民族鲜卑、回纥、柔然、高车、突厥、吐谷浑、铁勒、女真等建立的汗国，其君主或政治首领皆称可汗。

3. 尚书，隋朝以后尚书为六部长官，是古代中央政府部级长官（相当于现代的中央政府的部长）。尚书在隋、唐为正三品。尚书在明朝为正二品。清末增设外务、邮传等部，主官亦称尚书。宣统三年（1911年）始改尚书为大臣。

4. 骊珠，宝珠。传说出自骊龙颔下，故名。《庄子·列御寇》：“夫千金之珠，必在九重之渊，而骊龙颔下。”

5. 婵娟，常用者有三，形容姿态曼妙优雅；美女、美人；形容月色明媚或指明月。

6. 景升，刘表（142—208 年），字景升，山阳郡高平（今山东微山）人。东汉末年名。

古木卧平沙

瘦石倚晴沙，沧江铺紫霞。
不知沙上木，阅过几春华。
澹许遥山对，闲容野衲誇。
阴晴朝鹳鹤，根老蛰虎蛇。
坦腹轻千古，随心任一洼。
暮烟笼叶浅，秋水枕枝斜。
无用辞斤斧，多情舣钓槎。
寄言当路草，我欲咏蒹葭。

**【注释】**

1. 舣，停船靠岸。

2. 槎，木筏。

3. 蒹（jiān），没有长穗的芦苇。

4. 葭（jiā），初生的芦苇。《诗经 · 秦风》：蒹葭苍苍，白露为霜。所谓伊人，在水一方。

酬杨比部员外暮宿琴堂朝跻书阁率尔见赠之作

闲拂簷尘看，鸣琴候月弹。
桃源迷汉姓，松径有秦关。

空谷归人少，青山背日寒。

羡君栖隐处，遥望白云端。

【注释】

1. 关于此诗，一种说法是唐朝王维所作：“旧简拂尘看，鸣琴候月弹。桃源迷汉姓，松径有秦官。空谷归人少，青山背日寒。羡君栖隐处，遥望白云端。”

2. 簷，房顶伸出的边沿。

咏虞美人

绿阴何处楚离宫，汉苑平芜落照中。

绝代风流存小草，当年慷慨别重瞳。

箫催急泪纷纷碧，剑击飞花片片红。

莫向樽前歌本调，舞余遗恨大江东。

【注释】

1. 虞美人，原为唐教坊曲，初咏项羽宠姬虞美人，因以为名。

2. 离宫，指在国都之外为皇帝修建的永久性居住的宫殿，皇帝一般固定的时间都要去居住。也泛指皇帝出巡时的住所。

3. 苑，古代养禽兽、植林木的地方，多指帝王的花园。

4. 重瞳：就是一个眼睛里有两个瞳孔，在上古神话里记载有重瞳的人一般都是圣人，中国史书上记载有重瞳的只有八个人：仓颉、虞舜、重耳、项羽、吕光、高洋、鱼俱罗、李煜。但实际上经过现代医学解释，这种情况属于瞳孔发生了粘连畸变，从 O 形变成∞形，但并不影响光束进来，又叫对子眼，现代医学认为是早期白内障的现象。这里指项羽。

5. 樽：古代的酒器。

6. 舞余遗恨大江东句，指楚汉相争，项羽自刎乌江的典故。

## 和成山先生轻罗小扇扑萤

（二首）

一

四壁琴书素影流，一天星彩绛云浮。
生憎腐草能腾变，笑引双鬟掉转头。

**【注释】**

1. 轻罗小扇扑萤，见杜牧《秋夕》：“银烛秋光冷画屏，轻罗小扇扑流萤。天阶夜色凉如水，坐看牵牛织女星。”

二

玉镜金虬分外明，扑来捎带露叶轻。
纱囊要把星装满，宝扇先将月制成。

**【注释】**

1. 虬（qiú）：虬龙，传说中的一种龙。

## 季冬有感

（二首）

一

皓首天涯双病身，那堪薄暮走风尘。
不知腊尽堂堂去，未到来年早是春。

【注释】

1. 季冬，季，指一个时期的末了，也指一季的末一个月。古代称农历十二月，即冬季最末一个月。

2. 皓首，指老年，又称“白首”。

二

青盐赤米家家觏，白饵黄柑处处圆。
赖有佳邻张冷眼，满盘相馈过新年。

【注释】

1. 觏（gòu），遇见。

2. 白饵：指云南的饵块，形状为圆形。

## 熊　才

（二首）

一

江南亦有咏梅花，可似滇南熊竹子？

风弄寒香夜半飞，竹梢直拂青宵里。

【注释】

熊才：据余嘉华考证，熊才，字参伯，明末清初人。拒绝吴三桂请其为官，隐居山林。

二

门前流水是盘龙，楼外青青太华峰。

山色可餐水可掬，不教城市识行踪。

【注释】

1. 盘龙，指昆明盘龙江。

2. 太华峰，指昆明太华山，昆明人俗称西山。

## 慰 友

与君相对且衔杯，世事滔滔挽不回。

花落莫嫌人迹少，春深自有蝴蝶来。

## 信陵君

我有故人在屠市，

子请执辔御我去，

公子曰：诺，此易易。

故语多时眼斜睨，

为礼愈恭敬愈至。

贤哉公子真贤哉，
如此方可云下士。
秦军夜半出纷纷，
魏王不救平原君。
虎符不是如姬窃，
赵国山河空白云。

**【注释】**

1. 信陵君：魏无忌，战国时期魏国第六个国君安釐王魏圉的异母弟，被封为信陵君。

2. 辔（pèi），驾驭牲口的嚼子和缰绳。

3. 睨（nì），眼睛斜着看，比喻看不起人。

4. 下士，礼贤下士。指善于结交朋友。

5. 平原君，（？—前 253 年）嬴姓，赵氏，名胜。汉族，东武（山东武城）人，东周战国时期赵国宗室大臣，赵武灵王之子，赵惠文王之弟，封于东武（今山东武城），封号平原君。

6. 虎符，是古代皇帝调兵遣将用的兵符，用青铜或者黄金做成伏虎形状的令牌，劈为两半，其中一半交给将帅，另一半由皇帝保存，只有两个虎符同时使用，才可以调兵遣将。

7. 如姬窃，指信陵君在魏王宠妃如姬的帮助下窃走了虎符，迅速挥军打垮了秦国大军，解救了被秦国军队围攻的赵国。

### 漂 母

举头吊韩信，
低头怨漂母。
饿死准阴儿，
免为砧上俎。
准阴进退欠先知，
贤母高风实可师。
一饭岂因求后报，
千金何足谢蛾眉。

**【注释】**

1. 韩信，（约前 231—前 196 年），淮阴（今江苏淮安）人，西汉开国功臣，中国历史上杰出的军事家，“汉初三杰”之一。曾先后为齐王、楚王，后贬为淮阴侯。为汉朝的天下立下赫赫功劳，但后来却遭到刘邦的疑忌，最后被安上谋反的罪名而遭处死。

2. 漂母，这个典故源于《史记 · 淮阴侯列传》。韩信少年时经常受人鄙视。有一次，韩信在淮阴城下钓鱼，眼看已到中午吃饭的时候，他还没有地方可去。河边有一些老年妇女在漂洗棉絮，有位善良的老人看见韩信饥饿难耐的样子，就把自己的饭菜拿出来给韩信吃，这样连着十几天，韩信非常感激，发誓以后定要重报这位老大妈。老人听了这话后，生气地说：“大丈夫不能自己养活自己，我是可怜你才给你饭吃，根本没有指望你来报答。”

3. 准阴儿，这里指韩信。

4. 砧，捶、砸或切东西的时候，垫在底下的器具。如，砧板、砧子。俎：古代祭祀时放祭品的器物。“砧上俎”指韩信后来被吕后所杀。

5. 贤母，指救助韩信的“漂母”。

6. 蛾眉，美人的秀眉。也喻指美女；美好的姿色。泛指女性。这里指“漂母”。

伏　生

焚书之暴暴于虎，
窃书之丑丑于鼠，
泥书之愚愚于。
六经日月雨中天，
焚之不能窃不许。
执中敬畏帝王心，
辩古辩今何所补。
与其鼠也宁为瞽，
与其瞽也宁为虎。
虎暴不可当，
六王无寸土，
不如卷而藏堵堵，
伏生伏生足千古！

【注释】

1. 伏生，人名。公元前 213 年，秦始皇焚书坑儒时，伏生冒着生命危险，暗将述录唐尧、虞舜、夏、商、周史典的《尚书》藏在墙壁之夹层内，由此逃避焚烧之难。

2. 焚书，指秦始皇焚书。

3. 窃书，指伏生藏《尚书》之事。

4. 六经，六部儒家经典。始见于《庄子·天运篇》。是指经过孔子整理而传授的六部先秦古籍：《诗经》《尚书》《仪礼》《乐经》《周易》《春秋》。

5. 瞽，未见颜色而言，谓之瞽（《论语·季氏》）。比喻不达事理；没有见识。

6. 六王，指战国时期除秦国以外的齐、楚、燕、韩、赵、魏等六国。

### 大观楼

月光泼作海门潮，屋涌椒兰水可掬。
半夜神灯波上走，三春画桨镜中摇。
笔床茶灶宜青草，酒市溪村接板桥。
听唱竹枝来小涿，醉看塔影忽双漂。

【注释】

1. 竹枝，即竹子的小枝。此外，还是唐教坊曲名，元郭茂倩《乐府诗集》云，竹枝本出于巴渝。唐贞元中，刘禹锡在沅、湘，以里歌鄙陋，乃依骚人九歌，作竹枝新调九章。这里指诗乐。

2. 醉看塔影忽双漂，当时滇池水面广阔，站在大观楼上远远可以看到东寺街上塔在水中的倒影。

谢方伯钱公粮宪钱公

华浦临西廓，沙村枕鹭田。
方舟载霖雨，命驾及春喧。
鼓吹饶歌曲，青山绿水筵。
昆池三百里，一望尽神仙。

仙掌云山中，烟波压画垣。
法王新梵宇，黔国旧名园。
卷幔来春色，登楼见海门。
沧浪书屋外，旭日满江村。

白日登楼望，云开万里天。
曾为严武客，共说贾生贤。
善□连三月，幽栖近十年。
筹边空有策，未达丈人前。

【注释】

1. 华浦临西廓：近华浦（大观楼）在昆明城之西。

2. 昆池：即滇池。

3. 法王新梵宇：指康熙二十一年（1682 年），湖北籍和尚乾印在近华浦（大观楼）修建的观音阁。

4. 黔国旧名园：指明朝沐英在近华浦（大观楼）修建的莲池花园。

5. 贾生：即贾谊。

## 深山何处钟

深山深几许，一径入疏钟。
所见但空翠，因之登妙峰。
四围青障合，万古白云踪。
猿啸自垂树，泉飞时在松。
寻声响易歇，扪舌意无穷。
大地潮音满，诸天法界重。
忽忆苏州夜，江心渔火浓。

**【注释】**

忽忆苏州夜，江心渔火浓：作者借用唐代诗人张继《枫桥夜泊》：“月落乌啼霜满天，江枫渔火对愁眠。姑苏城外寒山寺，夜半钟声到客船。”

# 主要参考文献

1. 余嘉华主编：《大观楼长联及其作者孙髯翁》，云南人民出版社 1980 年 6 月版。

2. 余嘉华主编：《云南风物志》，云南教育出版社 2010 年 7 月版。

3. 云南日报理论部编：《云南文史博览》，云南人民出版社 2003 年 7 月版。

4. 严宏纲主编：《云南史志研究文选》，云南民族出版社 2014 年 5 月版。

5. 张昌由主编：《云南文化读本》，云南人民出版社 2014 年 10 月版。

6. 张文勋等人选注：《云南历代诗词》，云南人民出版社 2002 年 10 月版。

7. 石玉顺、刘咏梅编著：《大观楼》，文物出版社 2017 年 4 月版。

8. 余年生：《孙髯翁传奇》，云南人民出版社 2013 年 1 月版。

9. 钟一夫：《佛城传奇》，远方出版社 2002 年 2 月版。

10. 萧鹏：《髯翁联情》，中国文联出版社 2010 年 9 月版。

# 后　记

为撰写《一代圣联孙髯翁》，我曾经循着孙髯翁先生的足迹去实地采风。昆明的大梅园巷，圆通寺后山的夕佳阁，大观楼，嵩明县的白龙潭，弥勒市的三道桥村、新瓦房村、弥勒寺、禹门寺等地。踏着泥泞的小路，我去玉皇阁旁边的山上拜谒髯翁先生新的墓地。趁着夜色去县城雨亭街上的小巷子，拐弯抹角地钻进那个低矮、阴暗的小窝棚，采访戴着吸氧器的八十六岁的老人。记得我去新瓦房村的一个小院落拜访九十岁的老人。这位苗雨亭的第九代孙在孙子的搀扶下，从里间颤颤巍巍地走出来坐在一个破旧简陋的沙发上，知道我的来意后，老人若有所思，断断续续地给我讲述了他听老一辈人关于苗雨亭、孙髯翁的点点滴滴的传闻。老人零零散散的故事为我的写作增添了精彩的情节。在座的苗文生先生是苗雨亭的第十代孙，知道我要编写孙髯翁的故事，便慷慨地将他珍藏多年的苗氏家谱提供给我。我知道这几页已经发黄的纸的分量，它不仅仅是考证苗雨亭、孙髯翁事迹的宝贵史料，更承载着这些普普通通的农民对我的期望！我无言以对，只是承诺一旦出书，一定亲往弥勒将书赠送给他。

我内心感慨万端，我想起了诗人臧克家先生的诗句：“有的人活着，但却死了，有的人死了，但却永远活着。”虽然苗雨亭、孙髯翁已经逝去三百余年，他们的事迹仍在民间广为流传，只要为老百姓做过一点好事的善良人，即使再过五百年，他仍然留存在世间！

我动手查阅相关资料，小心翼翼地厘清孙髯翁的生平事迹，三百年前云南发生的相关重大历史事件，埋头遍读和采用了余嘉华先生主编的《云南风物志》与《大观楼长联及其作者孙髯翁》、严宏纲主编《云南史志研究文选》、张文勋先生等人选注的《云南历代诗词》等著作，让我受益匪浅，例如，关于弥勒县弥勒寺的传说就借鉴了钟一夫先生撰写的《佛城传奇》。使我兴奋的是，在学习浩繁的史料中，我对孙髯翁有了新的认识。孙髯翁不仅仅是凭借一副大观楼长联而一夜成名的文学暴发户，不仅仅是“联圣”，他的著术成果颇丰，涉及对联、诗词、文章、著作，如《永言堂诗集》《永言堂文集》《国朝诗采》《金沙诗草》等，大观楼长联更是脍炙人口，蜚声海外，流芳百世。他的足迹踏遍大半个云南，可与徐霞客比肩，称他为著名的探险家、旅行家、水利学家应该是不为过的。更难为可贵的是，在“学而优则仕”“官本位”的封建社会，他敢于藐视科举制度，摈弃世俗观念，安于平民生活、甘于寂寞，坚持洁身自好的民本思想，使碌碌无为、心浮气躁的我辈汗颜！

需要说明的是，孙髯翁被世人称为“联圣”，但是他绝非圣人。他清高孤傲、不拘小节、刻板迂腐、嗜酒如命，然而瑕不掩瑜，由于这些鲜明的性格，才显现了一个活灵活现的平民孙髯翁。

孙髯翁的一生是平凡的，但却是充满了传奇的一生。他是当时社会底层普通知识分子的代表，他的品质是特定社会的产物，又是他自身特质的使然，解读孙髯翁、认识孙髯翁、走进孙髯翁的平民生活，演绎三百年前发生在红土地上的历史故事，诠释人生价值的真谛，或许是一个有益的课题。

感谢云南省档案局、昆明大观楼公园提供的宝贵资料。